心之道

致焦虑的年代

[美]阿伦·瓦兹 著
李沁云 译

广西师范大学出版社
·桂林·

目录

序 1 心之道：AI 时代的创业修行

当 AGI 的黎明刺破天际线，当 80% 的代码将由硅基生命完成，人类文明正站在认知革命的临界点上。这场革命不仅要求我们重新定义生产力，更迫使我们直面存在的终极命题：在算法洪流中，如何守护生而为人的尊严？答案或许藏在意识的跃迁里——从理性认知的囚徒，蜕变为觉性意识的行者。这曾是小众的精神追求，终将成为大众的生存必修课。

工作即修行，商业即道场。这不仅是东方智慧的诗意隐喻，更是数字文明时代的生存指南。

【第一境：单点击穿，此刻即是永恒】

禅门公案有云：“砍柴即砍柴，担水即担水。”将全副身心安住当下，时间之锁便自行脱落。这种超越时空的临在状态，恰是应对 AI 时代焦虑的终极解药。

观察当代商业战略的困境：创业者沉溺于九宫格的完美填充，用无数个“既要又要”编织牢笼。而芒格早已揭示商业进化的真相：“所有成功的系统，都在疯狂放大单一要素，对其他要素的压制近乎偏执。”这种舍九取一的决绝，需要将全部资源灌注于针尖大小的破局点，继而引发 Lollapalooza[1] 式的链式反应。

当我们以临在之心践行这种极致专注，某种超越性的能量便会注入工作场域。此时的专注不再是苦役，而是流动着平静与喜悦的生命状态。就像武士挥刀时的“一念不生”，程序员调试代码时的“人机合一”，每个当下都成为永恒的能量旋涡。

【第二境：作品即人，消融主客之界】

人类惯于将自我囚禁在二元对立的牢笼：我是主体，产品是客体；我是创作者，作品是工具。这种割裂造就了机械的造物，也异化了创造的本真。

真正的艺术创作从来不是工具理性的产物。当乔布斯说“产品首先要触动自己”时，他揭示的正是创意的本质——作品是创作者灵魂的延伸，是语言无法触及的精神腹地的具象化投射。正如梵高的向日葵燃烧着画家的生命之火，SpaceX 的火箭承载着马斯克对星辰的痴狂。

当创作者与作品达成量子纠缠般的同频共振，主客体的分野便如朝露般消散。此时的本体之美，如同月光穿透

---

1 原意指非常出色的人或物，查理·芒格在《穷查理宝典》中引申为协同、好上加好的效应。

云层，自然流淌于作品之中。这种“物我两忘”的创造状态，或许就是庄子所言“天地与我并生，而万物与我为一”的现代诠释。

【第三境：以商为舟，渡向使命彼岸】

每个创业征途都暗涌着两股力量：显性的商业逻辑与隐性的精神召唤。前者满足市场的现实需求，后者回应灵魂的终极叩问。

当企业家的心灵疆域小于商业版图，金钱便成为挥之不去的梦魇；当精神世界的海拔超越物质追求，财富自然转化为渡人的舟楫。马斯克在宾夕法尼亚大学宿舍勾勒的使命蓝图——可持续能源、星际移民、人机共生——最终化作特斯拉的电池、SpaceX的火箭、Neuralink的脑机接口。颇具禅意的是，当他全情追逐星辰时，世俗意义的成功反而如影随形。

这或许揭示了商业修行的终极奥秘：以红尘为蒲团，视盈亏作棒喝，将每个商业决策都转化为叩问本心的公案。当创业者以“无所住而生其心”的智慧驾驭商业浪潮，企业便不再是冰冷的利润机器，而成为照亮人类文明的灯塔。

站在AGI时代的门槛上，我们终将懂得：真正的创业修行，不在颠覆外物，而在觉醒本心。当每个商业决策都成为明心见性的法门，当每件产品都化作自性光明的载体，方能在算法的洪流中，为人类文明守住那簇不灭的心灯。

李善友

2025 年 3 月 31 日

序2 生命是一条河

人类的脚步迈入工业时代的那一刻，也踏上了一条从体力走向脑力的道路。机器代替我们的肌肉，头脑被前所未有地开发和推崇，这本是文明进步的标志，也如同一条水坝，截流了生命之河——我们内在的“自然我”和“意识我”悄然走向分离。

我们常常发现身体还在机械地做着一件事，头脑却已经奔向别处：吃饭时在想着工作，走路时沉浸于手机屏幕。大脑的思虑像一台永不关机的机器嗡嗡作响。生命本真的信号，被思绪噪声所淹没。我们身体发出的疲惫、愉悦等自然信号，往往被理性计算和焦虑的担忧掩盖。“自然我”与“意识我”之间原本的默契，被打破了。

现在这个冲突变得更加严峻——人工智能的兴起。当大模型展现出惊人的智能，许多以“脑力”为生的人开始焦虑：我们赖以为生的“智能”不再唯一。当大型语言模型（如 DeepSeek）同样能写作、作曲、诊断疾病时，我们不得不问自己：如果连“思考”都能被复制，那“意识我”又有什么价值呢？

显然，这激发了“意识我”强烈的不安全感，它越感到不安，就越倾向于更紧地抓住控制权，它要抓住“生命的意义”，进一步压制“自然我”的声音。

生命的河流给彻底截流了。

我们前所未有地焦虑和分裂：我们迷醉于高速发展的技术和逻辑，同时茫然地感到与生命的脱节。我们仿佛进入了一个高楼林立却生命力匮乏的时代。

是避世修行还是焦虑前行？

带着这样的问题，我们在全球历史和哲学中寻找先知。阿伦·瓦兹早在半个世纪前就留下了别样答案：他没有让我们逃离现代世界，也没有叫我们与技术为敌；相反，他邀请我们以一种全新的视角来看待自我与生命。他主张回到最根本的体验——回归生命之流。

我们之所以痛苦，是因为忘记了自己本就与整个世界不可分割。他直言：“生命的意义，就是活着。”如此简单，却被我们的头脑所遮蔽。我们总以为生活另有他求，总想抓住点什么，却错过了当下真实的存在。就像“游泳时如果拼命抓水，只会让自己下沉；只有放松身体，信任水的托举，才能漂浮于水面。同样，生活中的我们越是挣扎着要控制不确定的一切，越容易被恐惧和焦虑拖垮；反之，若能相信生命之流的承载力，随之起舞，反而更容易抵达安稳之地”。

瓦兹曾经警示：“技术只有在那些没有意识到它们与宇

宙是同一过程的人手中才具有破坏性。”换言之，问题不在于技术本身，而在于使用技术的人怀着怎样的意识。如果我们怀抱一体的觉悟，明白自己与天地万物相连，我们就不会把人工智能看作威胁，而会视它为生命之流的一部分，去善加利用、与之共舞。

在这个焦虑弥漫的年代，我们决定再印他的《心之道》。我们相信，这本书为我们提供的正是这个时代所缺失的：它不是给头脑开的药方，而是一股唤醒生命力的清泉。朴素而富有洞见的语言，带领我们层层剥离伪装的“意识我”，滤去人生的信号与噪声，重新找到内在深处自然淳朴的生命力。

这条道路或许无法消除时代的变化，却能帮助我们在巨变中保持内心的整合与平静。当“自然我”与“意识我”握手言和，我们将发现，原来不变的安稳早已蕴藏在流动的当下。

生命是一条河，
回归生命之流。
参赞生命力。

张津剑与 AI

2025 年 3 月 10 日

序3 向世界的感觉和经验敞开

这是一个可以概括为体验和消费性的，但是没有超越性的时代，栖息于世俗世界中缺乏终极意义的人们，只能把对不切实际的所谓“美好生活”的向往作为一个目标，为此而去消费被灌输的一次又一次的体验，因为我们总感觉离美好生活就差最后一次体验了。只要买下那辆跑车、那幢房子，只要这次创业成功、评上职称，只要和他或她生活在一起，就能过上美好生活了，的确消费的欺骗性让我们产生了一种逃入更美好的世界的想象，所有这些都以某种方式串通起来让我们相信，假如我们再多买一样东西的话，就会在下一个拐角处碰见幸福。时代好像为我们提供了一个“没有约束、没有责任”的世界，但随处充斥着可怖的单调感、莫名的焦虑感、琐碎的空虚感，自我与世界越来越分离，只有倦怠，想要躺平，向往松弛，没有生命力。

这个时候，你正驾驶着电动汽车在喧嚣的街头，智能驾驶让你有了分心的机会，突然间拐了个弯，夕阳洒在摩天大厦的玻璃幕墙上，折射出一片辉煌的金色，把整个世界都渲染得如同梵城，你惊叹不已，整个脑海里只剩下那美景和惊奇，你说不出话，没有工作艰辛、房贷压力，没有情感困惑，也没有痛苦的过去萦绕心头。此时此刻你所拥有的唯一体验就是这映入眼帘的当下一刻，与你的整个存在融合。瓦兹说，在经验某事的那一刻，我们忘掉了我们正在体验它，这正是对那一时刻的最完满的拥有；可是只要我们意识到自己正在体验，只要意识得到“我”的存在，那便已是另外的念头或时刻。这也是帕坦伽利的《瑜伽经》所描述的体验者与体验合而为一。你忘了体验的是谁，谁又在体验什么，一种具足完满的感觉灌入身体，生命又苏醒过来。

阿伦·瓦兹的这本书，就是要教导这样一种生命的智慧，不是被动地等待降临，而是慢慢修习获得这样的安宁、平静和喜悦的智慧。在瞬息即变的、不稳定性极大的环境里，一个人知道他处于时代怎样的位置，就等于他在生活中怎样度过他的时间，而这又决定了他的身体和精神是怎样存在，也就是人如何在时代里安身立命。洞彻了这个以后，就知道怎么放下（戒），以及如何专注于一或同时专注所有（定），而后自然升起的一种慧，这种慧和世间智慧不同，世间的聪明智慧叫“世智辩聪”，佛教里八难之一，指用凡夫的小聪明去辩论是非、投机取巧。这个智慧不是从你的身心稳定的状态中自然显发出来的，也就是说，不是从戒生出来的定，从定生出来的慧，而是跳过了戒和定，直接分别，那是一种邪慧，叫分别慧，第一它不稳定，第二它不究竟，第三个它不是用戒来摄持，它也不清净。就像书里说的，没有戒和定，人们的眼睛不眠不休地扫过手机、电脑屏幕，在那些媒介上，通过一系列富有挑逗性的对闪闪发亮的汽车、耀眼的女性身体以及其他取悦感官的画面的快速展现，使他们处于一种“高潮未得到释放”的状态，……伴随这些画面的宣传材料或广告语也被制作为这种风格：毫无餍足地挑逗，用新的欲望取代每一次的局部满足。

当然阿伦·瓦兹不会教导大家如何开悟，开悟太浩大了，无法配得上。谁配得到开悟？你必须让自我谦卑。我们的自我“被包裹”起来，不是“通透”的自我。通透的自我向所有“外在”世界的感觉和经验敞开。因为我们的教育教会我们概念，我们的经验可以是理智的、情感的、感性的，诸如此类，但它并不是“整体的”。等你足够谦卑，你就回到了什么都不是的真实自己上了（回到自我之座），一个通透的自我开始出现，这是阿伦·瓦兹会教导我们的，就见到了那完满的什么都不是，空的完满，也就见到了万事万物。生命就成为奇迹。

恶鸟

2024 年 12 月 10 日

代译序 阿伦·瓦兹的安心之道

如果阿伦·瓦兹（Alan W. Watts）能够活到今天，看到我们的世界已被看不见的网络所互联，看到人们通过智能手机、平板电脑、车载电视等移动终端不断地接收着信息，看到视觉和听觉刺激无休止的“轰炸”成为了日常生活的常态（例如，在健身房一边头戴耳机、目视屏幕，一边挥汗如雨的人，已被我们视为理所当然），看到我们对着一方屏幕即可以完成诸如观影、购物、工作、订餐、游戏、读书、聊天、通信等越来越多的事情——并且往往是同时完成好几件事情——他应该不会对科技的进步和人类生活的变化感到特别惊奇，但是当然，在他眼中，这样的变化会是一种“异化”。

早在1951年，瓦兹便于《心之道》一书中警告过读者，现代人产生幸福感的心理机制过分依赖于大脑、依赖于对感官的剥削，而这会形成一个恶性循环：“它必须要么生产出越来越多的欢乐，要么就垮台。”他拿来警醒读者的现代人形象，是一个每时每刻都对手提收音机爱不释手的人。这很容易让我们联想到六十年后的今天，那些无时无地不低下头看手机的人们——这其中也包括我们自己。

上述恶性循环是现代人拿来对抗生命中难以消解的不安全感和焦虑感的办法。以多功能的电脑终端为例，我们一般都将网络时代带来的这一崭新生活方式认知为“便捷”、“放松”和“休闲”。然而在瓦兹看来，这种做法无异于饮鸩止渴，因为它的解决方法是制造出更多的欲望，而这将会导致不可逆的感官的钝化以及大脑的疲累。瓦兹没有简单地号召读者从外部刺激中“撤退”并回到自己的内心。在指出现代人高度依赖大脑，大脑的欲望却因其模糊性和不确定性而难以变得真实的同时，他告诉读者，要相信身体的本能智慧，并且把矛头指向了大脑听命于的那个自我意识，也就是我们每个人脑海中的“我”。瓦兹想让读者认识到，并不存在着一个固定不变的“我”，被“称作‘我’的那个东西——事实上是由持续变动中的经历、感受、想法和感觉构成的一股流。然而因为这些经历包含记忆，我们就有了‘我’是一个固定不变的事物的印象”。瓦兹深刻地指出，我们心中非常固执地保有的那个“我”，是造成不安和焦虑的罪魁祸首，而意识到这样一个“我”的虚幻性，则是通往解决之道的智慧[1]。这一观点就是面对我们所处的“焦虑的年代”时，瓦兹给出的应对之策。

在这里，如果不对阿伦·瓦兹的禅宗思想背景加以介

1 本书英文版标题 *The Wisdom of Insecurity* 的直译即是“有关不安全感的智慧”。

绍，我们便无法真正地理解他于本书中所持论点的核心。产生于幼时的对终极事物和哲学、宗教、心理学的热情，在青年时期把瓦兹引向了东方的精神哲学。彼时的瓦兹参与了伦敦的“佛教会”[1]，以此为契机，接触到了当时一些著名的精神领域的作家和学者；他与铃木大拙[2]的相遇，亦是发生在此期间。虽然瓦兹自称为一个“自学者”，可是他日后把自己出版于1936年的《禅的精神》[3]称作是“对铃木大拙早期著作的普及”，并且在其1957年出版的为西方读者讲解禅的历史的《禅道》[4]一书中，仍然充满了对铃木大拙作品的广泛征引。这足以说明铃木对他在禅学研究道路上的影响，也说明了瓦兹的自学亦有专精之领域。此外，瓦兹的第一次婚姻也在他追求禅宗的历程中起到了推动作用。瓦兹1938年婚后随妻子移居美国纽约。就是在纽约，他跟随日本临济宗禅师佐佐木指月[5]——瓦兹岳母的第二任丈

---

1 佛教会，Buddhist Lodge，1924年成立于伦敦，后改称Buddhist Society。

2 铃木大拙（D.T.Suzuki，1870—1966），日本著名禅宗学者，曾从事佛教典籍的英译和西方神学著作的日译工作，并以英文写作了大量有关禅宗的作品，在东西方宗教文化交流方面贡献卓著。

3 《禅的精神》，英文原标题为*The Spirit of Zen：A Way of Life, Work and Art in the Far East*。

4 《禅道》，英文原标题为*The Way of Zen*。

5 佐佐木指月（Shigetsu Sasaki，1882—1945），亦称曹溪庵（Sokei-an），日本临济宗禅师，1930年于纽约创立“美国佛教会”（Buddhist Society of America）。

夫——研习禅法。

瓦兹拒绝被任何一种思想框架框住头脑，这或许是他并未成为一个日本禅的僧人，也没有以居士身份承继佐佐木指月的衣钵的原因。相反，他去了伊利诺伊州的一家英国圣公会系统的神学院，在那儿研究基督教经典、神学和教会历史。对东西方宗教和哲学的融合，贯穿于瓦兹的求学和职业生涯之中。从神学院毕业之后，他有过短暂的圣公会牧师生涯，并曾任教于美国亚洲研究学院[1]，之后又于二十世纪五十年代中期，成为了以写作、广播和演讲为生的自由职业者。瓦兹丰富的著述——在 1973 年去世以前，已有二十五种书籍问世——涵盖了禅宗、道教、印度教、基督教神学、宇宙论、心理学、精神治疗等广泛的领域。终其一生，他努力成为一座桥梁，沟通古代与现代、东方与西方、文化与自然。

瓦兹创作力丰沛的年代，恰好是“垮掉派”在美国风靡的时代。尽管瓦兹本人并非文学家，或许无法被纳入“垮掉派”体系，但与“垮掉派”的愤世嫉俗和热衷大麻相映的是，瓦兹于六十年代参与过与迷幻药有关的心理医学

1　美国亚洲学院（American Academy of Asian Studies），位于加利福尼亚州旧金山市，后改称加利福尼亚州整合研究学院（California Institute of Integral Studies）。

实验，并在其晚期著作中谈论过服用致幻剂后的体验。不过，瓦兹与“垮掉派”更实际的联系其实是禅宗。“垮掉派”的代表人物杰克·凯鲁亚克、艾伦·金斯堡、加里·斯奈德等人受到铃木大拙影响，均修行过禅定，掀起了美国的禅宗热潮，而瓦兹在 1959 年出版的《垮掉禅、方形禅与禅》[1] 则为他们的禅修实践命了名。

不让自己的头脑被框住，并不意味着思想没有支点。在其去世后才出版的《道，一条水路》[2] 中，瓦兹将自己称作一个“禅宗信徒”。的确，禅就是瓦兹思想最坚实稳固的那个支点。虽然直到 1957 年，瓦兹才通过《禅道》向读者展示了他有关中国禅、日本禅和中日文化、艺术的丰富知识及体悟，但在此前六年便已面世的《心之道》一书中，已然处处充满了禅机。

《心之道》的第五章和第六章是瓦兹集中提出驱除不安感和焦虑感办法的精华章节。他以当代读者易于接受的轻松、日常的语言反复论述了“自我”之“我”的虚幻性。他说道：“对过去的回忆是当下体验的一部分。当你清楚地认识到记忆是当下体验的一种形式，你会明显地看到，试

1 《垮掉禅、方形禅与禅》，英文原标题为 *Beat Zen, Square Zen and Zen*。Beat Zen 亦译为“披头禅”。

2 《道，一条水路》，英文原标题为 *Tao, A Watercourse Way*。

图把你自己跟这个经验分开是不可能的。……存在着的只有经验。不存在着经历经验的某样东西或某个人。”瓦兹所讲的，是禅宗的“无我”观念。并且“由于‘我’无非是我现在所知道的一切，所以一旦清楚地意识到‘我’不可能逃避当下时刻里的现实，我们内在的混乱状态就一定会停止。除了以觉察欢乐的那种完满的方式去觉察到痛苦、恐惧、厌倦或悲伤，不存在别的可能性”。瓦兹所说的“觉察欢乐的那种完满的方式”，就是忘掉此刻或只拥有此刻、是对当下时刻的觉察。因为在经验某事的那一刻，我们忘掉了我们正在体验它，这正是对那一时刻的最完满的拥有；可是只要我们意识到自己正在体验，只要意识得到“我”的存在，那便已是另外的念头 / 时刻。在这里瓦兹虽然运用了现象学的分析方法（实际上禅宗对相续念头的划分比瓦兹所论述的还要细微，他自然是选择了更为西方读者所熟悉的一种方式），但他反复楔入读者心中的观念——当下的一刻即是生命的全部——则显然来自于曹洞宗[1]默照禅“心在当下”的基本原则，也契合于《金刚经》“应无所住，

1　中国禅宗的法脉在历史上衍生为五家：临济宗、曹洞宗、沩仰宗、云门宗和法眼宗。其中临济宗的主要修行方法是话头禅，而曹洞宗则是默照禅。

而生其心”的核心思想[1]。

南宋慧开禅师撰写的禅门公案集《无门关》，记录了中国禅宗的二祖神光慧可禅师证道前与菩提达摩祖师的初次会面。慧可来到达摩祖师面壁修行的少室山求法，但屡屡不被理睬。他耐心地在洞外打坐，期待着达摩祖师改变主意，直至冬日到来、天降大雪，达摩的态度才略有松动。为表达求法的殷重之心，慧可砍掉了自己的左臂。达摩终于问他所求为何。

慧可便说：“我的心不安宁，请您为我安心。”

达摩回答说：“把你的心拿到我的面前来，我为你安心。”

慧可说：“当我寻找我的心的时候，我找不到它。”

达摩于是答道：“我已经为你把心安好了。”听到这句话，慧可当下顿悟了。

这个公案告诉了我们“无心”是正道的道理。暂时我们可以把这里的“心”简单地理解为分别心、烦恼心和妄想心。而“无心”与“无我”是相通的，一旦放弃了用我们的妄心去分别世相和制造烦恼，我们就能意识到“我”

---

1 “住”的含义是攀缘，或者说固着、执着。举例来说，当我们因为对过去的记忆而苦恼时，就是“有所住”的状态，心并不在当下。心在当下是实现“默照”的前提。根据圣严法师的解释，“无所住”即为“默”，“生其心”的“心”则是具有“妙有”功能的觉照之心。

的虚妄，烦恼也就随之消失了。[1]

瓦兹用来对治现代人来自生命深处的不安与焦虑的办法，是一千五百年前中国禅宗初祖的安心之道，是禅法的基本理念。《心之道》的第五章引用了上面提及的公案。有意思的是，在这样一本处处不离禅宗思想的书中，瓦兹一语未着“禅”字。即使是拿禅宗公案举例，也把初祖和二祖的名字（或禅宗其他祖师的名字）以“智者”和“一个人”或“徒弟”来代表，直到出版专门普及禅宗历史的《禅道》时，才在书里让公案的主角们恢复了名字。禅宗在历史上形成了“教外别传，不立文字，直指人心，见性成佛”的原则，因此不妨说瓦兹的隐去名字倒是符合了禅宗的做法：摒弃名相，突出重点。这一做法在禅宗尚未在美国形成热潮的 1951 年以及其后的几十年，使《心之道》吸引了比单一的宗教 / 哲学爱好者更为广大的读者群，成为了经久不衰的人文经典。另外，如我们现在所见，《心之道》大量引用了《圣经》的内容以及西方文学中的诗歌，这显而易见是考虑到西方读者的文化背景。而这对于已与传统的宗教文化脱节、抱拥西方文化的那部分当代中国读

1　这个观点是禅宗乃至整个大乘佛教的中心思想之一，在《楞严经》和《圆觉经》中都有精彩、透彻的论述。本书第八章所述的心像一面镜子，尤其与这两部经中的道理相应。

者，同样不会造成障碍，反而会带来一种新的阅读感受，让人以为瓦兹仅仅是在就事论事地谈论如何解决现代人的心理问题。在这个意义上，这本书可以划归至大众哲学或大众心理学的范畴。六十多年后，我们似乎还能想象得出瓦兹该有多么得意于他的“花招”：通过“放弃”禅宗，他获得了向东西方的广大人群传递禅宗思想的最大可能性。

不安和焦虑，都是心的问题。瓦兹的安心之道回到了“心”本身。不仅是禅宗，佛教的所有修行方法都教人向自己的心内去求。当我们手持或大或小的网络电脑终端，时刻以炫目和震撼的视觉、听觉刺激冲击自己的感官，我们便是在向外求索。然而外界不可能填充我们的心——“内”与“外”的分裂一旦存在，我们就开始面临不安感和焦虑感的深渊。瓦兹融合了古老而珍贵的禅宗智慧，告诉读者：“我们不是分裂的，人跟他的当下经验是一体的，我们不可能找得到一个独立的‘我’或一颗单独的心。”他的话里包含了《楞严经》中最玄奥的“心物一元”论，并且他强调提出了“当下的时刻”。如果我们按照他的方法去实践，放下“我”而全心地投入到每一个“当下”中去，我们就可以阻断主观分裂感的产生，那么就再也不会有不安和焦虑的感受。瓦兹后来在《禅道》一书中又以西方符号学的语言谈到了主观分裂感产生的源头：“我们的问题在于，思维的力量使得我们能够在事物本身之外建立事物的符号。”符号建立了以后，便有了能指和所指的分别，心与物也就分裂了；而禅宗的修行目的即是摆脱符号的束缚，证悟无我之空性。如果读者经由《心之道》而对禅宗的基本方法感兴趣，亦可将《禅道》作为继续阅读的书目之一。

《心之道》这本书不但是解决不安全感和焦虑问题的终点，更是读者可以借其理路而继续探索禅法奥秘的一个起始点。无论是否信奉佛教、禅宗，我们都有可能从中获益。抛开宗教的说法不谈，毕竟生命的历程本身，已是一场修行。

李沁云

2014 年 7 月写于北京

前言

我一直对反向努力律着迷。有时候我把它称为“逆向定律”。当你试图浮在水面上，你会沉下去；可是当你想要沉下去的时候，你反倒会漂起来。当你屏住呼吸，你便丢掉了呼吸——这会立即使我们想起一个古老而常被忽视的说法：“谁想要拯救自己的灵魂，谁就会失去它。”

这本书探讨这一定律，涉及人对心理安全感的追寻，以及人在宗教和哲学中寻找精神上的及知识上的确定性的努力。我在这本书里是以这样的信念来写作的：在人生已似乎如此不同以往地不安和不确定的时候，没有一个主题比现在这个题目更合适了。它宣称，这种不安感是对安全感的追求导致的，反之，救赎和理智存在于最激进的认知和接受当中：我们没有办法可以拯救我们自己。

这开始听起来像《爱丽丝镜中游》[1]一书中的东西，而其实《心之道》有点像这本书在哲学上的对应物。因为读者常常会发现自己在一个颠三倒四的世界里，在这个世

---

1 《爱丽丝镜中游》，*Alice Through the Looking Glass*，英国作家刘易斯·卡罗尔（Lewis Carroll, 1832—1898）为他的故事《爱丽丝漫游奇境》所续写的姐妹篇。

界中，事物的正常秩序好像全部被反过来了，常识也被彻底颠倒了。读过一些我从前作品——比如《领受精神》和《至高无上的身份》[1]——的读者，会发现一些内容跟我以前说的很多东西完全不一致。但这只在一些次要方面如此。我发现我在那些书中所试图表达的内容的本质与核心不大被人理解；我的思想的框架和内容常常遮蔽了它的内涵。我在这本书中想要做的是，以一种不把思想跟大量不相关的关联事物——这些关联是时间和传统加诸它们身上的——弄混的方式，从完全不同的前提出发，去抵达同样的内涵。

在那几本书里，我注重于通过重新阐释某些宗教、哲学和形而上学的法则来维护它们。我感到这就像把脚放在一条蛇身上，既没有必要又令人困惑，因为只有那些使人生疑的真理才需要辩护。这本书则是本着中国古代圣人老子的精神，他是一位反向努力律的大师，他声称，那些为自己辩白的人并不确信这一点：要认识真理，一个人就必须摆脱知识，没有什么比“空”（emptiness）更有力量和更具创造性。在这本书里，我的目标是以一种逆向的方式来说明，宗教和形而上学的本质性的真相，是经由摆脱宗教和形而上学来被证实的，而且它们是通过被毁灭才得以显

1 这两本书的英文原标题分别是 *Behold the Spirit* 和 *The Supreme Identity*。

露的。

向马切特基金会致谢是我愉快的义务。纽约已故的富兰克林·J. 马切特（Franklin J. Matchette）先生成立的基金会的慷慨资助，使这本书的准备工作得以实现。马切特先生是一个把大部分生命都奉献给了科学和形而上学的人，是那种未被让钱生钱再生钱的恶性循环所完全吞没的稀有的商人之一。马切特基金会因此而专注于对形而上学研究的追求。他们愿意对这样一个与形而上学知识"相反"的理论产生兴趣，不消说对我是一个信号，表明他们有眼光和有想象力。

阿伦·瓦兹

1951 年 5 月于旧金山

第一章　焦虑的年代

你无法抓牢生活，就像你不能将一条河放在桶里带走。要是你试图将流动的水抓住并放入一只桶内，这只能清楚地表明你并不懂得流水的性质而且你将永远失望，因为水是不会在桶内流动的。想“拥有”流水，你必须放手让它走、让它奔流起来。对生活和对上帝而言，也是如此。

从所有外部表象来看，我们的人生都只是一个和另一个永恒黑暗之间火花般的光。而这两个黑夜之中的间隔也并不是没有乌云的白日，因为我们越是能够感受快乐，就越容易受到痛苦侵袭——而且，不论在背景中还是前景中，痛苦永远跟随着我们。通过相信世界上存在着比表象更多的东西、相信我们是为了一个超越于此生的未来而生活，我们已习惯于把我们的这种存在看作是值得的。外部表象看起来并没有意义。如果生活是以痛苦、不完整和虚无为结果，那它对生来就能思考、希冀、创造和爱的生灵来说似乎是一个残忍且徒劳的历程。人作为理性的生物，希望他的生活有意义。并且，除非在他目之所及外还存在着更多的东西——除非在无常而短暂的生死历程后面有一个永恒的秩序和永恒的生命——他发现很难相信人生是有意义的。

若用一个轻率的比喻来介绍严肃的话题，我可能不会得到原谅。但如何从看起来是一团杂乱的经验当中发现意义，这个问题使我想起了我想邮寄给别人一包水的幼稚愿望：收件人解开绳子，在他的膝头放出大水。可是这个游戏不会成功，因为在一个纸包里打包和封上一磅水实在是不可能，它不可能的程度足以让人恼火。有些纸打湿时不会开裂，不过麻烦在于将水变成任何易于处理的形状，以及在不使包装破裂的情况下把绳子系上。

一个人越是去研究那些针对政治和经济、艺术、哲学以及宗教[1]问题所提出的尝试性解决方案，越会得出这样的印象：那些极富才华的人，在试图将生命之水放进整洁、恒定的包裹里这种不可能且无关紧要的任务上，耗尽了他们的智慧。

有很多原因使这一点对一个生活在今天的人尤为明显。现在，我们关于历史、关于所有曾被扎紧却不出意外地开裂了的“包裹”，都已了解得这么多了。我们关于生活所产生的问题知道这么多细节，以至于这些问题拒绝被轻松地简化，而且它们看上去比以往任何时候都更复杂、更混乱。并且，科学和工业使生活的节奏和剧烈程度都加快了这么多，我们的“包裹”好像破裂得一天比一天更快了。

因此我们感觉到我们生活在一个充满着不同寻常的不安全感的时代。在过去的几百年中，有那么多悠久的传统——有关家庭和社会生活的、有关政府的、有关经济秩序和宗教信仰的——都衰落了。随着时间的推移，我们能握住的“石头”好像越来越少，能被看作绝对正确和绝对真实、在任何时代都永恒不变的事物越来越少了。

对一些人来说，这是一个从道德、社会及精神教条的

---

1 本书中提到“宗教”一词时，若无特殊说明，均指广义的基督教，包括现在一般意义上的基督教和天主教。本书均为作者见解，不代表出版社立场。

限制中获得的解放，理应受到欢迎。但在另外一些人看来，它是对理性和心智的一种破坏，危险而可怕，趋于使人类生活陷入绝望的混乱。对大多数人，或许这种即时的解放感会制造短暂的愉悦，但跟随而来的则是最深的焦虑。因为若一切都是相对的，如果生活是一道没有形状和目标的急流，而且在它的洪流中，除了“变化”本身，绝对没有事物能够持久，那么它就会看上去“没有未来”，并因此而没有希望。

只要拥有一个能令其憧憬的未来，人类就仿佛可以很快乐，无论这未来是明天的“好时光”，还是超越了坟墓的永恒生命。出于各种原因，越来越多的人发觉后者难以相信。在另一方面，前者的劣势是，当“好时光”到来时，若看不到更多的好日子到来的希望，我们就很难去尽情享受它。假使快乐总是依赖于一些我们期待将来会发生的事情，我们就是在追逐一缕永远抓不住的鬼火，直到未来以及我们自身都消失在死亡的深渊里。

事实上，我们的年代并不比其他年代充满着更多的不安全感。贫穷、疾病、战争、变迁和死亡都不是什么新事物。在最好的时代里，“安全感”也只不过是短暂、似是而非的；然而通过信仰那些灾祸不能殃及的领域里不变的事物，例如上帝、人的不灭灵魂和统辖宇宙的永恒律法，是有可能将人生的不安全感变得可以容忍的。

今天，这样的信念即使在宗教界也稀有。现代教育所及之处，没有哪个社会层级没在内部留下怀疑发酵的痕迹，甚至也几乎没有哪个个人没在心中留下这样的痕迹。不言而喻的是，在过去的这个世纪里，科学的权威已在大众的想象里取代了宗教权威，而且至少在涉及心灵方面时，怀疑论已经变得比信仰更加普遍。

信仰的衰落是经由真诚的怀疑——从事科学和哲学的高度聪慧的那些人认真、大胆的思考——而发生的。被对真相的热情和敬畏所推动，他们尝试着抛掉一厢情愿，去观看、理解和面对生活的原貌。可是虽然他们为改善生活处境做出了一切努力，他们的世界图景却似乎没有留给个人以最终的希望。他们的聪慧头脑所创造出的奇迹留在了世界上，代价则是未来的世界消失不见。而人总是要问出这个古老的问题："假如一个人得到了整个世界却失去了他的灵魂，这对他有什么益处呢？"逻辑、智力和理性都得到了满足，可是心却饥饿了，因为心已经学会了去感知，我们是为了未来而生活的。尽管缓慢且不确定，但科学有可能在持续几年的时间里给我们一个更好的未来。之后，对我们每个人来说，它都将终结。一切都将终结。不论延迟多久，一切生造出来的都会崩解。

虽然存在着一些相反的观点，怀疑论仍是科学界的普遍看法。在文学界和宗教界，现在常常认为科学与信仰之间的冲突已是过去的事情了。甚至有一些相当一厢情愿的科学家觉得，当现代物理学抛弃了一种粗糙的原子论唯物主义（atomistic materialism）以后，这一冲突的主要原因便解除了。但事实完全不是这么一回事。在世界上重要的学术和科研中心，人们以研究科学的完整内涵和方法为业，而他们与他们认为是宗教观点的东西仍然距离遥远。

核物理学和相对论固然已摒弃陈旧的唯物主义，可是在它们今天给我们的宇宙观里，留给有关任何绝对目的或图景的想法的空间甚至更少了。现代的科学家不会幼稚到因上帝不能在望远镜中找到而拒绝承认上帝，或因灵魂无法在手术刀下显露而否定灵魂。他只是注意到有关上帝的理念在逻辑上不是必须的，甚至怀疑这种理念有任何意义。他用其他更简单的方法所无法解释的事情，这种理念也并不能帮他解释。

现代科学家坚持，若认为发生的每件事都是出于上帝的旨意和控制，这实际上等于什么也没说。称一切都是由上帝创造和支配的就像是说“一切都不对劲”——而这没有任何含义。上述宗教看法不能帮我们做出任何能被证实的预言，因而从科学的立场上看，它没有丝毫价值。科学家在这方面可能是正确的，也有可能是错的，但我们的目的不是就这一点而争论。我们只需要注意这种怀疑论有巨大的影响力，而且它决定了我们这个年代里盛行的心态。

科学所表达的，概括来说就是：我们不知道也绝无可能知道上帝是否存在。我们已知的一切并不表明他存在，所有声称能证明他存在的论据都被发现是缺少逻辑意义的。的确，没有什么能证明上帝不存在，但寻找上帝不存在的证据的责任落在提出这一看法的人身上。科学家会说，如果你信仰上帝，你一定是在纯情感的基础上这么做，没有逻辑或事实基础。实际上，这差不多等于无神论，从理论上讲，这就是不可知论。因为，不假装懂得自己所不知道的东西是科学诚信精神的精髓，不使用无法得到验证的假设是科研方法的本质。

这种诚实精神的直接结果深深地令人不安并令人沮丧。人似乎不能离开神话，不能离开这种信念而生活：这一生的那些按部就班和千篇一律、那些痛苦和恐惧都会在未来呈现出特定的意义与目的。忽然间，新的神话——带着对当下世界里最美好未来的不切实际承诺的政治和经济神话——就形成了。通过把个体变成一种广阔的社会努力的一部分，并在其中使他丢掉了他自己的空虚和孤独感中的一些内容，这些神话给了个体一定程度上的意义感。然而恰是这些“披着政治外衣的神话”中的暴力，背叛了它们自身所含藏的焦虑，因为这些“披着政治外衣的神话”只不过是一群人挤在一起，呼喊着以在黑暗中给自己勇气。

一旦一个宗教开始被怀疑是一种神话，它的力量就消失了。对人类来说神话是必须的，但它无法像配制头痛药那样自觉地开出一个神话处方。只有当神话被认为是真实的，它才“发挥作用”，而人类却无法长期故意“欺骗”自己。

连最出色的现代宗教辩护者也好像忽视了这个事实。他们用来支持某种对正统的回归的最强有力的论据，是那些显示了因笃信上帝而获得社会利益及道德优势的证据。但这并没有证实上帝的真实性，它最多证明了信仰上帝是有用的。“如果上帝不存在，那么有必要发明出他。”或许吧，不过假如公众对他的存在有任何怀疑，那么这个发明就会是徒劳的。

这就是为什么目前在一些知识分子圈中，大多数对正统的回归都这么不可信。它更多的是对一种相信的信仰而非对上帝的信仰。缺乏信心、神经过敏、受过教育的“现代人”与具有沉默的自尊和平静内心的老派信徒，这两者之间的对照使后者显得令人艳羡。但是把神经过敏的出现或缺席当作真理的试金石，以及坚称如果一个人的哲学使他变得神经质，这种哲学一定是错的，是对心理学的严重滥用：“多数无神论者和不可知论者都神经过敏，而多数天真的天主教徒都对自己的生活感到快乐和平静。因此前者的观点是错误的，后者的看法则是正确的。”

即使这种观察是对的，以其为依据的推理也是荒谬的。

这就好像是说："你说地下室里着了火，你为此而烦恼。因为你正在烦恼，那儿显然没有着火。"不可知论者和持怀疑论的人神经过敏，可这并不意味着他们的哲学是错误的；这其实表示他们发现了一些自己不知道如何与其相适应的事实。妄图通过逃离事实来逃离神经过敏症的知识分子，只是在奉行"无知是福，难得糊涂"的原则。

当信仰永恒成为不可能，当只存在着它的可怜的替代物——信仰相信，人们便只好在随时间而来的欢乐中找寻他们的快乐。他们其实很清楚地知道，这些欢乐既变幻莫测又短暂，不管他们多么想要将这一点埋在脑海的深处。这带来两个结果。一方面，人们会有一种焦虑，担心自己也许错过了什么，因此他的头脑不安而贪婪地在一项和另一项欢娱之间穿梭，却在哪一个之中都无法获得休息和满足。另一方面，总是不得不追求那个在一个永不会到来的明天里、在一个一切都必定分崩离析的世界里或许能实现的美好未来，这个过程带来的挫败感使人们产生了一种"这究竟有什么用"的疑问和情绪。

因此我们的年代是一个充满沮丧、焦虑、烦乱以及"兴奋剂"成瘾的年代。我们必须在可能的时候想办法抓住我们所能抓住的，并在心里压抑我们的这种看法——整件事情都是徒劳无意义的。我们称之为"兴奋剂"的是我们的高生活标准，一种剧烈而复杂的感官刺激，它使得我们的感官逐渐变得不那么灵敏，并因而需要更多强烈的刺激。我们渴求着使注意力分散的消遣——由景观、声音、兴奋感和刺激构成的“万花筒”，在这一“万花筒”里，必须在尽可能短的时间内塞进尽可能多的内容。

为了保持这一“标准”，我们大多数人愿意忍受我们的生活，它在很大程度上是由两件事情构成的：从事枯燥无味的工作以赚取收入，以及经由间歇的狂热而昂贵的物质享受来寻求沉闷中的解脱。这些间歇被认为是真正的生活[1]，是必要的工作之恶所达成的真正目的。我们猜想，做这种事情的理由是可以养活一家人继续做同样的事情，并由此养活自己的后代……而且这样无限地继续下去。

这不是讽刺漫画，这是数以亿计的生命原原本本的现实，它平凡到了我们几乎不需要详加描述细节，除了注意到那些忍受生活的人的焦虑和沮丧以外，我们不知道还能做些什么。

但是我们能做什么？看起来有两种选择。第一种是以这样或那样的方式，发现一个新的神话，或令人信服地复兴一个旧的神话。如果科学不能证明上帝不存在，我们便可尝试以“他毕竟可能存在”这极小的可能性为前提来生活和行动。在这样一场赌博中，似乎什么也不会失去，因

1　原文中此处为斜体英文，这里用楷体中文表示，下同。

为假如死亡是最终的结局，我们永远不可能知道我们已经失去了什么。但很显然，这绝不等于一种必不可少的信仰，因为它其实就相当于说："既然整件事无论如何都是徒劳无益的，那么就让我们假装它不是吧。"第二种选择是坚定地尝试面对人生只是"一个白痴所讲的故事"这一事实，然后在其中得到我们所能得到的，让科学和技术在我们从虚无到虚无的人生旅途中尽好地为我们服务。

然而作为解决办法并不是只有这两种选择。我们可以承认批判性科学（critical science）的一切不可知论。从这里出发，我们可以坦诚地承认，我们对上帝、对个人的不朽或对任何绝对事物的信仰都没有科学基础。我们可以从试图去信中抽离出来，听天由命地生活、不再做更多努力。由这个出发点，出现了另外一种生活方式，它既不有赖于神话也不需要绝望。但是它要求在我们平庸、惯常的思维方式和感受方式中发起一场彻底的革命。

这场革命的特异之处在于它揭示了所谓传统宗教和形而上学的神话背后的真相。它揭示的并非宗教信念，而是与上帝观念和永生观念相应的——以一种意想不到的方式——实际存在着的现实。有一些理由使我们可以假定一场这样的革命是一些主要宗教观念的源头，并且它与这些观念之间的关联就像是现实之于符号、原因之于结果。普通宗教实践的常见错误是把符号误当作了现实，是看到了手指指出的方向之后却把手指放入口中享受吮吸的快感，而并不去跟随它的方向。宗教理念就像文字一样，没有多大用，还常常误导人，除非你了解它们所指涉的具体现实。“水”这个词在知道什么是水的人之间才是一个有用的沟通工具。就“上帝”这个词以及有关“上帝”的理念来说，也是如此。

在这一点上，我不希望自己看似很神秘，也不想宣称自己拥有“秘密的知识”。与“上帝”和“永生”相对应的现实是千真万确、正大光明、清楚明白的，并且开放给任何人看。但是要想看到它则需要对头脑进行修正，就像有的时候要拥有一个清楚的视觉，也得对眼睛进行矫正。

对这个现实的发现被信念妨碍而不是被它促进了，不论一个人信的是上帝还是无神论。我们在这儿必须把信念（belief）和信仰（faith）区分清楚，因为就一般实践来说，信念意味着一种心境，它几乎是宗教信仰的反面。我在这里所使用的信念一词，是说坚持相信事实就是一个人所“愿望”、希望它是的那样。当情形与他所预想的观念及期待相吻合的时候，持有某种信念者才会向事实开放他的头脑。在另一方面，信仰是头脑对真相的毫无保留的开放，不管这个真相将会呈现为什么样子。信仰没有任何预设；它是对未知的全心投入。信念具有依附性，信仰则会放手。从语词的这个意义上讲，信仰是科学的基本品德，同样地，它也是任何不存在自我欺骗的宗教的必要美德。

大多数人信上帝是为了感觉到安全，为了使我们的个体生活显得有价值和有意义。信念因而成了一个人坚持下去、抓牢生活并为自己而活的一种尝试。但只要你试图去抓住生活，你就无法理解生活及其神秘之处。实际上，你无法抓牢生活，就像你不能将一条河放在桶里带走。要是你试图将流动的水抓住并放入一只桶内，这只能清楚地表明你并不懂得流水的性质而且你将永远失望，因为水是不会在桶内流动的。想“拥有”流水，你必须放手让它走、让它奔流起来。对生活和对上帝而言，也是如此。

人类思想和历史的当前阶段对于这种“放手”是成熟的时机。正是由于我们曾在其中寻求安全感的那种信念倒塌了，我们的头脑才已为“放手”做好了准备。从与特定的宗教传统严格地——虽则也很奇怪地——相一致的角度看，陈规旧习和绝对事物的消失并非灾难，而是福分，这几乎是在迫使我们用开放的头脑面对现实。正如你只能透过一扇明亮的窗户看到天空，你也只能经由开放的头脑来认识上帝。假如你将玻璃窗涂上了蓝色的颜料，你就看不见天空了。

然而那些反对将颜料从玻璃上刮下来的“信教”人士——那些以恐惧和不信任来对待科学的研究态度、把信仰跟忠实于特定的观念弄混的人，令人费解地对精神生活的规则表现出无知，而这些规则是他们有可能在自己的传统记录中找到的。一项针对比较宗教学和精神哲学的细致研究表明，放弃信仰、不再执着于一个利己的未来人生，以及放弃从有限性和必死的命运中逃离的企图，在追求精神的道路上是一个常见且正常的阶段。这实际上是精神生活的“第一准则”，本来在最初就应当显而易见，但是似乎有些出人意料，博学的神学家对于科学界的批判哲学，什么手段都愿意采用，就是不愿采取合作的态度。

灵魂的救赎只能通过上帝的人身存在形式的死亡来实现，这不是什么新观点。但是，认识到上帝的人身形式并不仅仅是历史上的耶稣基督，也是人在头脑中紧抓不放的形象、观念以及对绝对事物的信念，这或许不那么容易。这是诫命（commandment）的全部意义：“不可为自己雕刻偶像，也不可做什么形象仿佛上天（、下地和地底下、水中）的百物……不可跪拜那些像，也不可事奉他。”[1]

要发现生活最根本的真相——绝对事物、永恒、上帝——你必须停止试图以偶像的形式来抓取它们。这些偶像不只是粗略的形象，比如在脑海中把上帝塑造为坐在金

---

1 出自《圣经旧约·出埃及记》20：4—5。本书中所引用的《圣经》文字均采用流通较广的《圣经》和合本译文，下文中不再做特殊说明。括号中文字根据和合本译文补充。

色宝座上的一位老绅士。它们也是我们的信念，是为我们所珍视的有关真相的先入为主的看法，它们阻断了我们的心和头脑通往现实的通路。形象的合理用途应该是表述真相，而不是控制真相。

这一点一直为伟大的东方传统，如佛教、吠檀多[1]和道教所承认。这个原则也不是不为基督徒所知，因为它就隐含在基督的整个故事和教义中。耶稣本人的生活从最初就是对不安全感的全然接纳和拥抱："狐狸有洞，天空的飞鸟有窝，人子却没有枕头的地方。"[2]

若是基督在最正统的意义上被当作神，被视为上帝在人间的独一无二的化身，这个原则就更到点子上了。因为基督生平故事的最基本的主题就是这个"酷似"上帝的人通过肉身被毁灭而成为了生命的源泉。对那些想要借由他作为人的个体性来坚执于他的神性的信徒，耶稣解释道："一粒麦子不落在地里死了，仍旧是一粒；若是死了，就结出许多子粒来。"[3]他以同样的口气警告他们："我去是与你们有益的。我若不去，保惠师（圣灵）就不到你们这里

1 吠檀多（Vedanta），古印度婆罗门教的宗派之一，它的三种经典为《奥义书》、《薄伽梵歌》和《梵经》(亦名《吠檀多经》)。

2 出自《圣经新约 · 马太福音》8: 20

3 出自《圣经新约 · 约翰福音》12:24。

来。”[1]

这些话比以往任何时候都更适用于基督徒，同时也恰恰说到了我们的时代的总体状况。我们从没真正地理解这些话背后的革命性意义——一个令人难以置信的事实是，被宗教所称为“上帝的异象”的现象，是在人们放弃一切关于上帝的信念时出现的。在同样的反向努力律[2]的作用下，我们只有经由对有限性的最完全的接受，才能发现“无限”和“绝对”，而竭力想从这个有限和相对的世界中逃脱反倒是没有用的。尽管看起来充满矛盾，但同样地，只有当我们认识到生活是没有目的的，我们才能发现生活的意义；只有当深信我们对于宇宙一无所知，我们才能了解“宇宙的秘密”。一般的不可知论者、相对论者或唯物主义者都不能到达这个结论，因为他们没有持续地循着他们思维的路线直到终点——这个终点会是他们生命的惊喜。他们过早地抛弃了信仰以及对现实的开放性态度，让自己的头脑僵化以至形成教条。发现这个秘密、这个所有奇迹之上的奇迹，并不需要信念，因为我们其实只能相信已经为我们所知、所预想和所想象的事物。但是这个秘密位于

1　出自《圣经新约 · 约翰福音》16：7。

2　反向努力律（law of reversed effort），心理学规律，意思是说主动追求的目标反而无法达到。

一切想象之上。我们只需要把我们头脑里的眼睛睁得大大的，然后“真相终将大白”[1]。

1　出自莎士比亚戏剧《威尼斯商人》。

第二章　痛苦与时间

这就是人类的困境：意识的每一次增强都需要付出代价。不对痛苦更敏感，我们就无法对快乐变得更敏感。记住过去可以使我们为未来做出计划，但是为快乐做计划的能力却被担忧痛苦和恐惧未知的“能力”给抵消了。

有时几乎我们每个人都会妒忌动物。它们受苦并死去，可它们看起来并没有把这当作一个“问题”。它们的生命似乎没有错综复杂之处。它们饿的时候就吃，累的时候就睡，而且看上去，是本能而非焦虑在主宰着它们为未来所做的极少的准备。在我们所能评判的范围内，每个动物都忙于它在当下的时刻所做的事情，生命是否有意义这个问题以及关于未来的焦虑甚至从未进入它的脑海。对动物来说，幸福在于享受眼前的生活，而非在于确信前面有一个充满欢乐的未来在等待着它。

这不仅仅是因为动物是一群相对不那么敏感的傻瓜。它们的视力、听觉和嗅觉通常远比我们人类的敏锐，而且它们无疑极其享受自己的食物和睡眠。但尽管它们有着敏锐的感官，它们的大脑却颇有些迟钝。动物的大脑比我们的更为专门化，因此它们是依习性而生存的生物；它们不能推理和将事物抽象化，并且只有极为有限的记忆力及预期未来的能力。

毫无疑问的是，人类敏感的大脑不可限量地增加了生活的丰富性。然而为了这种丰富性，我们付出了昂贵的代价，因为整体敏感性的增加使得我们异常脆弱。通过变得不那么敏感——更像一块石头而人的特质少一些——一个人可以不那么容易受到伤害，但享受快乐的能力也会因此而降低。敏感性要求很大程度的柔和性与脆弱性。比如，眼球、耳膜、味蕾，以及终止于高度纤细的大脑组织的神经末梢，它们不但柔软、脆弱，而且易于受损。看起来没有一种有效的方法能在不降低有机体活组织的活力和敏感性的同时，降低它们的娇弱性和易受损性。

如果我们要享有强烈的快感，我们也必然会易于经验到强烈的痛。我们热爱享乐、痛恨痛苦，但占有前者的同时没有后者在场似乎是不可能的。的确，这二者在某种意义上看似必须交替出现，因为持续的快乐是一种刺激信号，若不增强，就必定会使人感到乏味。而它的增强要么会用它带来的“摩擦力”使感官变得麻木而迟钝，要么会转化为痛苦。这就像持续进食丰富的食物，不是毁掉胃口，就是令人生病。

生命既然被认为是好的，在这个意义上，死亡也就相应地变得邪恶了。我们越是爱另外一个人，越是享受他的陪伴，当他死去或与他分离时，我们的悲伤就越深。意识的力量进入经验越深，它为所获取的知识付出的代价就越大。因此，我们有时问出这些问题是可以理解的：生活是否已在这个方向上走得太远？我们是否得不偿失？将进化转向另外一个唯一可能的方向——向后演进至动物、植物以及矿物质的相对平和的状态——是否会更好？

时常有人在试图做这种事。一个女人在爱情或婚姻中受到了一些很深的感情伤害，然后就发誓再也不让另一个男人玩弄她的情感，变成了怨愤的、难以相处的老女人。更为常见的是那些敏感的男孩子，在学校里学会了将自己藏在“强悍的家伙”的态度面具里。成年之后出于自我防御，他扮演腓力斯丁[1]的角色，把所有智性文化和情感文化看作是女人气的东西。对生活的这种反应方式达到极端之后，在逻辑上它的最终结局是自杀。冷酷无情的那种人，可以说本身已实行了一种局部的自杀；他自身的一部分已经死掉了。

那么，假若我们具有最大程度的人性、活力和觉察力，看起来我们必然会愿意为了我们的快感享乐而受苦。没有这种意愿，意识的强度就不会增长。然而一般来说，我们并不愿意受苦，而且即便只是假设我们愿意，这种假设也会让人感到奇怪。这是因为，“我们的天性”是那么反抗痛苦，以至于这种在某个程度之上忍受痛苦的“意愿”或许会显得不可能且无意义。

在这些情况下，我们所过的生活是一种矛盾和一种冲突。因为意识必然既包括愉悦也包括痛苦，在谋取快乐的同时排斥痛苦，事实上是谋求着意识的丧失。这样一种丧

---

1 腓力斯丁人（Philistine），居住在地中海东南沿岸的古代居民，被称为“海上民族”。公元前 12 世纪在巴勒斯坦南部沿海一带建立加沙、阿什杜德等小城。据《圣经旧约》记载，腓力斯丁人曾与以色列人长期作战，公元前 10 世纪终被打败。作者在此处用“腓力斯丁人”来表示男人气强烈的、好战的人。

失在原则上等同于死亡，因此这意味着我们越是努力把生活作为愉悦的享受，其实越是在毁灭我们所热爱的事物。

实际上，这是人在面对他所热爱的事物时的普遍态度。人类大部分的活动都是要将自己的体验和欢乐永久化，可那些体验与欢愉却是因处于变化中才变得可爱的。由于韵律和流动感，音乐是一种愉悦的享受。然而在你捕捉住这种流动的时刻，当你把一个音节或和弦延长至规定时间以外，节奏就被破坏了。同样地，生活也是一个流动着的过程，变化和死亡是它必要的组成部分。正由于此，试图将这两者排除在生活以外就是跟生活对着干。

可是，仅仅去经历痛苦与快乐的轮替，绝不是人类困境的核心。我们想使生活有意义、追寻上帝或永生，不只是因为我们在尝试着从当下所经验的痛苦中逃离。也不是出于这一理由我们才采用了特定的态度、扮演了特定的角色，作为无穷无尽的自我防御的一种手段。真正的问题并不来自任何对痛苦的短暂敏感性，而是来自我们人类不可思议的记忆和预见能力——简而言之，来自我们的时间意识。

对动物来说，当下的愉快就足以使它们快乐。可是人却几乎难以满足于当下的愉悦，他更关心是否能拥有愉快的回忆和幸福的将来，尤其是后者。只有当确定能获得一个幸福的未来时，他才能够忍受一个极度痛苦的现在。假如没有这一确信，即使正处于当前的感官快乐之中，他也可能会感到极其悲惨。

比如说，有一个人知道自己在两周之后得做个外科手术。现在他感觉不到任何肉体疼痛；他有足够的食物；他被朋友和家人的情感所围绕着；他在做着平常对他来说是极大乐趣的工作。但是他享受这些事物的能力被持续的恐惧感拿走了。他对当下周围的现实变得不敏感了。他的头脑被一些还未发生的事情占据了。他并不像是在用一种很实际的方法考虑问题，试图决定他是否应该做这个手术，或者做些有关家人及一些自身事务的准备工作，以防万一自己在手术中死去。这些决定已经早都做好了。与此相反，他是在用一种徒劳的方式思考这场手术，这既破坏了他此刻生活中的欢愉享受，又对解决任何问题没有丝毫助益。

这是有代表性的人类困境。恐惧和焦虑的对象或许不是一场在不久的将来会经历的手术，它可能是下个月的房租、一次战争威胁或社会性的灾祸，可能是能否为养老存够钱的问题，或者也可能是有关最终的死亡的问题。这一“当下时刻的破坏者”甚至不一定是一种有关未来的恐惧。它有可能来自过去：对一次受伤经历的记忆，某一次恶行或轻率的行为。它带着一种怨愤或罪恶感弥漫于我们的当下。记忆和对未来的期望的力量大到对多数人而言，过去和未来并不是好像真实的一样，而是比眼前的时刻更真实。

除非关于过去的头绪都已被理清、未来也是美好而有希望的，否则我们无法在当下生活得幸福。

记忆过去和预期未来的能力，从支离破碎的时刻当中的杂乱无章里理出一个整齐的秩序的能力，无疑都是人的感受力的一种精彩发展。在某种意义上这是人脑的成就，赋予了人最非凡的生存及适应生活的能力。可是我们通常使用这种力量的方式却容易毁掉它的所有优点——因为如果记住过去和预期未来只不过是使我们无法充分地活在当下，那这种能力就对我们没有什么用处。

除非当每一餐端上来时我都可以真的享受它们，要不然计划着下周能吃到什么又有什么用呢？假如我因忙着安排下周的饮食而无法充分享受现在所吃的食物，那么当下个星期的饭菜变成了“现在”的时候，我仍会处于相同的窘境。

如果我此时的幸福主要存在于温习快乐的回忆和对未来的预期，那我只不过是模糊地觉察到了当下。当我所期望的好事到来时，我一定也依然只能朦胧地觉察到那时的“当下”，因为我已经形成了向后看和往前看的习惯，这使得全神注意于“这里”和“现在”对我来说变得很困难。而若我对过去及未来的觉察令我对当下不那么能够觉察，我就得开始想想，我是否真正地生活在这个真实的世界里。

毕竟，未来是相当无意义且不重要的，除非它早晚会成为“现在”。因此，计划和构思一个不会成为现在的未来，并不比张罗一个当其到来时我却在其中显得“心不在焉”的未来更荒诞——当未来到来的时候，我目不转睛地盯着它的身后，而不是它的脸。

像这样生活在关于未来的虚幻憧憬中而非当下的现实中，是那些完全为了赚钱而活的生意人的特有烦恼。有那么多富人，都是对于挣钱和存钱比对于怎么享用金钱懂得多得多。由于他们一直是在为生活做着准备，他们未能真正地生活。他们大多是在赚取金钱，而不是赚取维持生活的开销，也正因此，当应该放松的时候，他们却做不到。许多“成功人士”退休的时候都感到无聊和痛苦，然后为了防止被年轻人顶了位置，又重返工作岗位。

从另一个角度来看，我们使用记忆和预期能力的方式把我们对生活的适应力变得更差，而不是更强了。假如我们必须要确知一个幸福的未来才能享受一个愉悦的现在，我们就是在“哭闹着要月亮”。我们没有这样的把握。最准确的预测也只能是可能性而不是确定性，而且据我们所知，每个人都将受苦并死去。如果没有一个被保证了的将来我们就没法快乐地生活，那么我们就肯定还没适应在一个有限的世界里生活。在这个世界里，即使有最优的计划和安排，也会发生意外事件，而且死亡最终定会到来。

这就是人类的困境：意识的每一次增强都需要付出代

价。不对痛苦更敏感，我们就无法对快乐变得更敏感。记住过去可以使我们为未来做出计划，但是为快乐做计划的能力却被担忧痛苦和恐惧未知的“能力”给抵消了。此外，对过去和未来的敏锐感知力的增长使我们对当下的感知相应地变得模糊了。换句话说，我们似乎是到了这样一个阶段：拥有意识的好处被它的坏处压过了，极端的敏感性反而令我们失去了适应能力。

在这样的情形下，我们感到我们与自己的身体及其周遭的世界处于冲突之中，能够想及我们在这个充满矛盾的世界里只不过是“陌生人和朝圣者”[1]，是一件令人安慰的事。因为如果我们的欲望跟这个有限的世界所能提供的任何东西都不一致的话，这会看起来好像是我们的本性并不属于这个世界，好像我们的心是由无限性而不是有限性组成的。因而我们灵魂的不满会显得像是它们的神圣性的标志和章纹。

然而，对某一事物的渴望能否证明这个事物的存在呢？我们知道它并不必然能。认为我们是另一个世界的公民，认为在被流放至地球以后我们有可能返回我们心中所渴望的真正家园，这么想或许能给我们带来慰藉。可是假

1　一些著名的《圣经》人物被称作“陌生人和朝圣者”(strangers and pilgrims)，如亚伯拉罕，其生平见《圣经新约 · 希伯来书》11:8—10。

如我们的确是这个世界的公民，假如并不存在与灵魂的不满相对应着的最终的满足，那么自然[1]孕育出人类，岂不是犯了一个严重的错误？

这是由于对人类来说，生活看起来好像与生活本身有着毫无希望解决的冲突。为了得到幸福，我们必须得到我们无法拥有的。自然在人类心中孕育出了它所不可能满足的欲望。为了更畅快地饮用快乐之泉，它在人身上产生出的能力却使得人更容易感染到痛苦。它赋予我们掌控未来的能力——只有一点点；而付出的代价却是沉重的沮丧感：我们知道我们最后必将在溃败中倒下。我们若认为这是滑稽可笑的，那也只不过是在说，自然在我们身上孕育了智慧，以便用来责备它自己的荒诞不经。意识看上去是自然用于自我折磨的巧妙模式。

我们当然不想认为这是真的。但是很容易就可以证明，大多数相反的论证都只是主观臆想——是自然用来延缓“自取灭亡”的方法，以使愚蠢的行为可以继续。推理和论证其实是不够的，我们必须更加深入。我们必须深入地审视这一场人生、这一个自然——它已在我们的内部变得能够觉察，并且必须弄清楚它是否真的和它自身相冲突，它

1 此处和下面两段中的“自然”（nature），兼有“大自然”和“天理／上天”之意。

是否确实渴望着安全感和毫无痛楚的感觉，一种它的个体存在形式绝无可能享受到的感觉。

第三章　生活的大流

明天以及有关明天的计划有可能一点意义也没有，除非你充分地与当下的现实接触，因为你生活在当下而且只生活在当下。除了当下的现实，并不存在着其他的现实，因此，即使一个人可以永生，为了将来而活也意味着永远地与生活失之交臂。

我们就像是陷在蜂蜜中被粘住的苍蝇。生活甜美得令我们不愿放弃，然而我们越深陷其中就越是会被困住、受局限，并会变得越来越沮丧。我们同时热爱并憎恨生活。我们与人坠入爱河，留恋自己的财产，结果却被因其而产生的焦虑所折磨。冲突不仅仅存在于我们自身和周围的世界之间，它也存在于我们和我们自己之间。难于驾驭的自然既在我们身边也在我们的内部。令人气恼的“人生”既可爱又易逝，既令人愉悦又使人痛苦，既是福也是祸，它同时也是我们自己肉身的生命。

这就好像我们被分成了两部分。一方面存在着一个具有意识的“我”，同时充满好奇和困惑，是一个陷在困局中的人。在另一方面，还有一个“我”[1]，这个“我”是自然——任性的肉体以及它身上并存着的美丽而令人沮丧的局限性——的一部分。“我”把自己想象为一个理性的人，永远在批评“我”的无理取闹，因为“我”的激情使“我”陷入了麻烦，因为“我”非常容易受到痛苦且恼人的疾病的侵袭，因为“我”所拥有的身体器官会衰竭，并且，因为“我”的胃口永远没法被满足——胃口就是被设计成这样的，如果你试图用一次最终的“暴食”来延缓它的欲求，你就会生病。

1　此处楷体的“我”字为“me”，与其相对的宋体的“我”字则为“I”，下同。

或许关于“我”、关于自然和宇宙，最使人气恼的一件事是它们永远都不“好好待着”。这就像是一个永远不会被人抓住的漂亮女人，她的轻浮恰好也是她的魅力。世界的非持久性和不确定性是它的热闹及美好的一部分。这就是为什么诗人们在写到变化、写到“人生的短暂”时会创作出他们最好的篇什。这类诗作的美丽之处在于一种比怀旧的语调更多的东西，它带来了哽咽在喉的感动。

热闹场结束了。我们的这些演员，
我有话在先，原都是一些精灵，
现在都隐去了，变空无所有，
正像这一场幻象的虚无缥缈，
高耸入云的楼台、辉煌的宫阙、
庄严的庙宇、浩茫的大地本身、
地面的一切，也就会云散烟消，
也会像这个空洞的洋洋大观，
不留一丝的痕迹。[1]

除了接连出现的优美画面，这些诗句的美妙之处中还

1 出自莎士比亚的诗《热闹场结束了》，此处为卞之琳译文。原文来自莎士比亚的悲喜剧《暴风雨》第四幕第一场，是普洛士帕罗的台词。

包含着一些别的东西，世界解体、消散的主题也并不只是简单地从正在消解中的事物里获得了它的光彩。真相其实是，尽管这些画面本身很美丽，但它们是在消失不见的过程中变得生动起来的。诗人拿走了它们身上那种雕塑和建筑般的静态稳定，还之以一种一旦声音发出之后就会立即消失的音乐性。楼台、宫阙和庙宇变得充满生气，从它们内部过剩的生命力中分离出来。走过便是活着，停留和继续则是死亡。“一粒麦子不落在地里死了，仍旧是一粒；若是死了，就结出许多子粒来。”出自《圣经新约·约翰福音》12：24。

诗人们看到了这一真相：生活、变化、运动以及不安全感，只是同一个东西的许多个名字。要说在哪儿能发现真相的话，那么就是在这儿，真相就是美丽，因为运动和韵律都包含在所有值得人爱的事物的精髓里。在雕塑、建筑和绘画中，已完成的作品都静止不动，但即便这样，只有当一个作品包含有一定程度的不对称、当它看似好像正处于运动中——尽管它或许正“冻结”在石头里——时，眼睛才会在它身上找到乐趣。

那么，“我”抗拒“我”的变化和周遭世界的变化，这难道不是一个奇怪的反复无常和一个不自然的自相矛盾吗？因为变化不光只是一种摧毁性的力量。每一种存在形式事实上都是一种运动的模式，每一个生物都像河流，如果不“流出”的话，也就绝不可能“流入”。生与死并不是两种相反的力量；它们恰是看待同一力量的两种方式，因为“运动”着的变化既是建设者也是破坏者。因为人体是运动、循环、呼吸和消化功能的复合体，所以它才能生存。因此，拒斥变化和试图紧抓着生命就好像屏住呼吸一样：如果你坚持得太久，就会害死自己。

在认为我们自己被划分成了“我”和“我”时，我们很容易忘记，意识也正是因处于运动中才存在的。它是变动流（stream of change）中的一部分、一个产物，正如身体与整个自然界的关系那样。如果你仔细地观察，就会发现意识——你称作“我”的那个东西——事实上是由持续变动中的经历、感受、想法和感觉构成的一股流。然而因为这些经历包含记忆，我们就有了“我”是一个固定不变的事物的印象，就好像它是一块碑，由我们的生活在它上面书写纪录和档案。

可是这块“碑”也随着书写的手指而移动，就像河水随着涟漪的波纹而流动一样，以至于记忆就像一份写在水上的档案：它并非由不可磨灭的字符写成，构成它的是一些动态的波浪——这些波浪是被我们称为感受和事实的另外一些波浪所激起的。“我”和“我”之间的不同，在很大程度上是记忆造成的错觉。事实上，“我”跟“我”具有同样的性质，它是我们的“整体存在”的一部分，就如同头是身体的一部分一样。但如果没有意识到这一点，“我”和“我”、头和身体就会感到与对方“不和”。由于“我”不懂得自身也是变动流的一部分，就会试着要弄清楚世界和经验的意义，试图“解决问题”。

接下来我们便会面对一场意识和自然之间、对永恒的热望和事物不断变动的真相之间的战争。这场战争定然彻头彻尾地徒劳和令人感觉挫败，它是一个恶性循环，因为它是同一事物上的两部分之间的冲突。它必然会越来越快地将思维和行动都引至一些哪儿也到达不了的怪圈里。当我们无法认识到我们的生活本身正是变动，我们就把自己和自己对立起来，变得像传说中被误导的、试图吃到自己尾巴的衔尾蛇。衔尾蛇是所有恶性循环的亘古不变的符号，象征着把我们的存在四分五裂、使一部分去征服另一部分的每一次尝试。

不论我们如何挣扎，“解决问题”这一方式永远不可能弄清楚变动有什么意义。了解变动的含义的唯一方法是投身其中，随之移动，与之共舞。

如我们大多数人所知的那样，宗教相当显而易见地想要通过“解决问题”来理解生活。它试图通过将世界与永恒不变的上帝联系起来而赋予这个短暂且不持久的世界以意义，并将不朽的生命——在其中，个体成了拥有恒常不变的本质的神祇——视为自己要达到的目标。“上主，赐他们永远的安息，以永恒的光亮照耀他们。”[1] 同样地，宗教试图通过把历史和上帝——“他的道永世长存”——的固定律法联系起来去理解历史的旋流式运动。

这样，我们借由把浅显的道理跟固定不变的东西弄混淆，给自己制造了一个难题。我们认为理解生活的意义是不可能的，除非事件流（flow of events）能以某种方式被嵌入到一个有固定形式的框架中去。为了变得有意义，生活必须在固定的观念和规律中易于被理解，并且相应地，这些观念和规律必须契合于变动的景象背后那些不变且永恒的现实。[2] 但如果这就是“理解生活的意义”的意思，那就等于给我们自己设置了不可能完成的任务：在不断的变动中制造恒常性。

在我们能够找到一个更好的理解宇宙的方式以前，我们必须搞清楚“意义”和“恒常性”之间的这种混淆是怎么产生的。

这个难题的根源在于我们已经发展出了如此快速和片面地思考的能力，以至于我们忘了思维和事件、文字和事物之间的恰当关系。有意识的思考已经走到前面去了，而

---

1 天主教和基督教常用的安魂祷告语句，用于祈请上帝使死者灵魂免入炼狱。

2 稍后在本书中我们会看到，这些关于固定不变的永恒事物的形而上观念可能有另一层含义。它们不一定意味着以静止不变的观点对待现实，而且虽然通常被尝试用来“解决问题”，它们并不总是被用来这么做。——原文注

且创造了它自己的世界。当它被发现与真实的世界相冲突，我们就会在“我”——有意识的思考者——和自然之间感到一种强烈的不和谐。这种片面发展并不是知识分子和“倚赖于大脑”的人所特有的，这些人只是影响了我们整个文明的这一趋势的极端特例。

被我们遗忘的是，思维和文字都是常俗，以及，过于认真地对待常俗是致命的。常俗是一种社会性的便利，比如说，钱。钱消除了以物易物的不便之处。然而过分严肃地对待钱，将它和真正的财富弄混，就很荒唐，因为把它当作食物来吃或者当作衣服来穿都对你没有好处。钱或多或少是静态的，这是由于金、银、坚韧的纸或银行余额都可以在很长时间内“保持原样”。而真正的财富，比如食物，则是容易腐坏的。因此，一个社群有可能占有全世界所有的金子，但假如它的百姓不耕种作物，他们就会挨饿。

以多多少少有点类似的方式，思维、观念和文字都是代表着真实事物的“钱币”。它们并非那些事物，而且尽管它们代表了那些事物，但在很多方面，它们和那些事物一点也不相一致。跟钱与财富的关系一样，思维与事物的关系也是这样的：观念和文字都或多或少是固定的，而真实的事物却始终在变化。

用语言说出“我”，比指着你自己的身体要容易一些，说“想吃”也比试图表明嘴里和胃里的一种不明确的饥饿感要容易。说出“水”，比领着你的朋友走到井边且做出相宜的动作更为方便。同样方便的是，人们达成一致，用一些相同的词来示意相同的事物，并且将这些词语保持不变，尽管我们用它们所示意的事物正处于不断的变动当中。

起初，文字的力量一定显得很神奇。确实，言语思维（verbal thinking）带来的奇迹证实了这一印象。摆脱手势语的麻烦之处，最初必定是一件奇妙无比的事：你可以发出一串简短的声音来召唤一位朋友——叫他的名字！这就无怪乎名字曾被认为是神通力量的神秘表现形式，无怪乎人们将他们的名字与灵魂密切联系起来，甚至于利用名字来唤起某种精神力量。实际上，文字的力量是通过不止一种方式到达人的大脑的。“释义”现在几乎跟“理解”意味着同样的事情。更为重要的是，文字使得人可以为他自己提供释义——将他自身经验的某个特定的部分标记为“我”。

这或许就是将名字看作灵魂的某种古代信仰的含义。因为释义就是隔离，将一些形式的复合体（complex of forms）从生活流（stream of life）中分离出来，并且说：“这就是我。”当人可以命名自己并给他自身提供释义的时候，他就感觉自己拥有了身份。因此就像文字是不会变动的一样，相对于真实、流动的自然世界，他开始感觉到自己是独立、静止不变的。

一旦人开始感到自己是独立的，他和自然之间的冲突就开始了。语言和思维都跟这个冲突相搏斗，通过称呼名字来召唤一个人的“魔法”被应用于整个宇宙。这种“魔法”的力量在神话和宗教中得到了命名和个性化，并被频频召唤。自然的进程变得易于理解，因为所有有规律的过程——比如星辰的轮转和四季的变换——都可以跟文字相对应，并可以归因于神祇或上帝的活动——神的永恒言辞。稍晚一些时候，科学运用了同样的程序来研究宇宙中的规律，用更为不可思议的方式给这些规律命名、分类并使用它们。

但是由于固定化、明确化以及从其他事物中分离出来正是文字和思维的用处与性质，描述生活最重要的特点——它的变动和流动性——就变得极为困难。就像钱无法体现食物的易腐坏性和可食用性，文字和思维也没法反映生活的朝气与活力。行为和思维间的关系有点像一个跑动着的真人和用一系列“静态照片”来呈现跑动过程的电影之间的区别。

每当我们想描述或考察任何移动着的物体，比如说一列火车，我们就会诉诸静态照片这一惯例，声称这列火车在某时某刻处于某某位置。但这并不十分正确。你可以说一列火车“现在”位于某个特定的点，但是你说“现在”的时候花去了一些时间，在这段时间里——不论这段时间有多短——火车仍然是运动着的。你只能说这列开动着的火车在某一个特定的时刻位于（类似于停在这个地方）一个特定的点——假如这个时刻和这个点都无限小的话。可是无限小的点和固定的时刻从来都只是想象中的，是数学理论中的事物而不是现实世界里的。

对科学推演来说，把一个动作看待为一系列非常微细的迅猛动作或静止最为方便。然而当我们将一个以这样的惯例来描绘和测量的世界等同于我们的经验世界时，困惑就产生了。除非一系列的静态照片在我们的眼前迅速移动，否则它们并不能传达出运动本质性的活力和美。释义也好，描述也好，都遗漏了最为重要的东西。

对于推演、语言和逻辑这些目的来说，尽管上述的常规做法很有用，但当我们认为我们用的这种语言或我们赖以推理的这种逻辑真的能够定义或解释真实的“物质”世界，荒谬就发生了。人之挫败一部分在于，他已经惯于期待由语言和思维来提供它们所无法提供的解释。在这个意义上，想要让生活变得“易于理解”即是想让它成为生活之外的某种东西，就好像是更喜欢一部电影而非一个真正跑动着的人。而感到除非“我”能够永恒否则生命就毫无意义，则像是不顾一切地跟一英寸坠入了爱河。

文字和度量单位并不能实现生活，它们仅仅象征了它。因此，所有由语言表述的对于宇宙的“解释”都是循环论证的，并且没有对最本质性的东西给出解释和释义。字典本身就是循环论证的，它用一些词来给另外一些词下定义。当字典在某些词旁边给出一幅图片时，它就离生活近了一点。可是我们会注意到所有的字典图片都跟名词而非动词联系在一起。动词“跑”的示意图就必须得是像连环漫画那样的一系列静态图，因为文字和静止的图片既不能定义也不能解释一个动作。

甚至连名词也是约定俗成的常规。你不是通过把这个真实的、活着的“东西”跟“人”这个发音联系在一起来定义它。当我们说“这（用手指指着）是一个人”的时候，我们指着的东西并不是“人”[1]。要是更明确一些，我们应当说“这是‘人’这个发音所代表的”。那么，“这”是什么？我们不知道。也就是说，我们无法用任何固有的方式来定义它，虽则在另一个意义上，它是作为我们的直接经验而为我们所知的：它是没有可被定义的开始和结束的一个流动的过程。仅仅是常俗在让我们相信，我只是被这层皮肤在空间里所限定的这具身体，并且它也受到出生及死亡在时间上的限定。

在空间里，我从哪儿开始，又在哪儿结束？我跟太阳和空气的关系是我存在的至关重要的一部分，和我的心脏一样重要。我在宇宙间广阔的生命运动中只不过是一个模

1　这里指“人”这个词的发音。

块或一个螺旋，那种运动在按照惯例被孤立出来的，被叫作“出生”的这件事之前无法计数的岁月里就开始了，而且它还会在被称为“死亡”的那件事之后久久持续。只有文字和常俗可以把我们从完全无法加以释义的事物——其实就是一切事物——中分离出来。

现在我们所拥有的这些都是有用的词语，只要我们把它们作为惯例来对待，像使用想象出来的经线和纬线那样使用它们——经线和纬线是在地图上标示出来的线，但事实上却无法在地球上被找到。然而在实际生活中，我们都被文字蛊惑了。我们把文字混同于真实的世界，而且还试图如同停驻于文字世界中那样住在真实的世界里。后果是，当这二者并不匹配的时候，我们就开始惶恐且目瞪口呆了。越是想要住在文字的世界里，我们便越觉得孤立、孤单，所有来自事物的欢乐和生动性也就越被仅仅交换为确定性和安全感。反过来说，越是不得不承认我们其实生活在真实的世界里，我们就越感到对一切都无知、不确定且毫无安全感。

可是除非这两个世界间的差异得到承认，否则，我们不可能有清明的头脑。当科学所描述的宇宙和人类居住于其中的宇宙被搞混时，科学研究的范畴和目的便也被不幸地误解了。科学所谈论的是真实存在的宇宙的一个象征符号，这个符号的作用和钱的作用基本上一致。它是一种便于节省时间的东西，可以被用于做出符合实际情况的计划与安排。但是当钱和财富、现实和科学被混淆了的时候，这个符号就变成了一种负担。

类似于此，正规的宗教教条描述的宇宙也仅仅是真实世界的一个象征符号，也同样地是由语言的区分和依惯例所致的区隔构造的。把“这个人”和世界上的其他事物区分开，就是制造一个约定俗成的分隔。想让“这个人”永恒不朽就是想把文字变成现实，并坚称一种常俗可以永久存在。我们渴望着事物身上那个从未存在过的永久性。科学“毁掉”了象征着世界的宗教符号，因为一旦象征符号被混同于现实，用来象征现实的不同方法便会显得互相矛盾。

科学用来象征世界的方式比宗教的方式更适合于实用性的目的，可是这不意味着它比宗教的方式更合适。根据兔子的肉质或根据它们的毛来将它们分类，哪一种更合适？这取决于你想用这些兔子来做什么事情。科学与宗教间的抵触并未显示出宗教是错的而科学是对的，它显示的是，所有的释义系统都相对于各式各样的目的，没有一个系统能够真正地“抓住”现实。而且由于宗教被误用为一种抓取和占有生活之谜的方法，所以，在一定程度上“揭露真相”是极其有必要的。

然而，在为了这样或那样的目的而以这样或那样的方式来象征宇宙的过程中，我们似乎丢掉了生活本身真实的欢乐以及意义。所有各种各样的对宇宙的解释都有着隐蔽的动机，它们更为关心未来，而非当下。宗教想确保一个超越死亡的未来，而科学想对死亡到来之前的生活做出担保，并想延缓死亡。但是明天以及有关明天的计划有可能一点意义也没有，除非你充分地与当下的现实接触，因为你生活在当下而且只生活在当下。除了当下的现实，并不存在着其他的现实，因此，即使一个人可以永生，为了将来而活也意味着永远地与生活失之交臂。

正是这个当下的现实，这个变动中的、充满生气的现在逃开了一切的解释和描述。这里有一个神秘的真实世界，文字和思维永远都不能确切地把握住它。我们始终为了未来而活，因而与人生的这一源泉和中心渐行渐远。结果就是，命名行为和思维行为中蕴含的所有魔力都只不过变成了某种暂时性的“故障”。

技术的进步让我们生活在一个忙碌的、发条般的对人类生理施暴的世界里，它使我们专注于越来越快地追求一个未来而心无旁骛。人们发现深思熟虑的思考也无法抑制住人内心的野兽——一头比任何野生动物都更加“凶残”的猛兽，它被对幻象的追求激怒和惹恼了。对文辞、分类学以及机械化思维的专门精通，把人跟操纵着他身体的那些不可思议的本能力量隔离开了。此外，它还使人感到自己全然脱离了宇宙及自身的那个“我”。因此当一切哲学都消解于相对论，无法再用某种固有的方式理解宇宙，被孤立的“我”便感觉极度不安和恐慌，意识到真实的世界是对“我”的整个存在的一个直截了当的反驳。

当我们发现观念和文字不能够窥破终极的生活之谜，意识到真相——或上帝，如果你愿意这么称呼它的话——无法被有限的头脑所理解，这一窘境里当然没有什么新的东西。唯一的新鲜之处在于，这个困境现在不再是个人化的而是社会化的；它被广泛地感知到，而不是只局限于少数人当中。几乎每一种精神传统都承认，要找到解决办法，必得满足这两个条件：人必须放弃那个他感觉是“独立的”“我”，而且必须面对这个现实——他不可能弄懂，亦即精确地解释，终极事物。

这些传统也承认，在这个解决办法之上存在着“上帝的异象”，它不能形诸语言，它跟看到一个焕发着光彩的高贵男子坐在金色的宝座上或看到耀目光芒的一次确切的闪耀截然不同。这些传统还指出，这种异象的出现，是恢复了我们曾拥有的东西，我们在过去是因没有欣赏且不能欣赏它才“失去”它的。那么这种异象就是我们对于这个无法加以解释的事物——我们把它叫作人生、当下的现实、生活的大流或永恒的现在——所感到的清醒的意识，它是一种不含有与生活的分离感的意识。

在我为它命名的那一刻，它便不再是上帝；它是人、树、绿色、黑色、红色、柔软、坚硬、长、短、原子、宇宙。一个人可以轻易地认同于任何指摘泛神论的神学家的观点：这些文辞和常俗世界的居民、这些被感知为固定且有差异的实体的各色各样的“东西”，不是上帝。然而假如你让我向你证明上帝的存在，我会把太阳或一棵树或一只虫子指给你看。可是如果你说：“那么，你的意思是，上帝就是太阳、树、虫子以及所有其他的事物吗？”我则不得不说，你完全没有抓住要领。

第四章　身体的智慧

试图取悦大脑就像是想要通过耳朵来饮水一样。于是，他们就更加不可能享有真正的快乐，对生活中最强烈和最微妙，而事实上也极其普通和简单的那些欢乐，变得迟钝、麻木。

什么是经验？什么是人生？什么是运动？什么是现实？对于所有这样的问题，我们必须给出圣奥古斯丁[1]对“什么是时间”这一问题的答案：“我明白，然而当有人问我的时候，我便茫然了。”经验、人生、运动和现实，是用来象征感觉、思维、情绪和欲望的总和的一些声音。如果你问：“感觉是什么？”我只能回答说：“别犯傻了，你很清楚感觉是什么。不在圈子里打转的话，我们就没法无限地把事物解释下去。解释意味着要把事物固定化，可是当你真的着手去做，真实的生活却不是固定的。”

在上一章的结尾我提出，这个不能够被解释或被固定的终极事物可以用上帝一词来代表。假如这是对的，那么我们向来就了解上帝；可是当我们开始思考他的存在时，我们就不清楚了。因为当我们开始思考经验的时候，我们是在试着将它固定在刻板的形式和观念当中。这是那个试图将水包装在包裹中或想要把风关进箱子里的老问题。

但是宗教总是这样教导人们：“上帝”是你可以期待从他那儿得到智慧和指引的人。我们已经习惯了这个观念：智慧——也就是知识、建议和信息——能用包含特定指向

1　圣奥古斯丁（St. Augustine，354—430），古罗马帝国时期基督教思想家，中世纪基督教神学和教父哲学的重要代表人物，其著作《忏悔录》被称为西方历史上的第一部自传。

的言语陈述来表达。如果这是真的，我们便很难认识到，智慧是如何能够从不可能被解释的事物中获得的。

然而事实上，能够以特定的指向被表达出来的那种智慧，总共只占非常小的比例，我们在日常生活中所应用的大多数智慧从来都不是以言语信息的方式出现在我们身边的。我们并非通过言语的陈述来学会呼吸、吞咽、看、血液循环、消化食物或抵抗疾病，这些活动是由最复杂和最不可思议的过程完成的，无论怎样的书本学习和技术技能都不可能复制这些过程。这是真正的智慧——不过，它跟我们的大脑没有什么关系。这是那种我们在解决人生的真实、实际的问题时所需要的智慧。这一智慧已经为我们创造了奇迹，而且它没有理由不为我们带来更多的奇迹。

不需要借助任何技术仪器或预测计算，信鸽可以从遥远的他乡回到家乡，候鸟可以年复一年地重访同样的地点，植物能够“设计”出巧妙的“装置”从而在风中散布它们的种子。它们当然不是“刻意”地在做这些事情，也就是说，它们没有计划和思考过这些事情。若是它们能说话，也必定无法描述它们是怎么做到的，就好像一个普通人没法解释他自己的心脏是如何跳动的一样。

实现这些本领的“工具”实际上是身体器官和身体的运转，它是一种神秘的运动模式，我们并不完全理解它，也不能够真的去解释它。但一般说来，人已经停止发展身体的“工具”了。我们越来越多地试图借助于外部的器具来适应生活，并且越来越多地通过有意识的思考而不是运用无意识的“窍门”来尝试解决问题。这种方式对我们的有利程度，其实比我们所乐意假定的要少得多。

比如说，“未开化”的女性可以在田间劳作期间自己产下孩子，而且在做了一些必要的事情以确保婴儿安全、温暖和舒适以后，她们就重新开始如常地劳动。另一方面，文明社会里的妇女得被送进一家结构复杂的医院，在那儿，被医生、护士和数不清的仪器装置包围着，然后还必须得在漫长的身体扭曲和极度的疼痛中用尽力气，才能使可怜的小家伙们来到世界上。产房里无菌的环境令很多母亲和婴儿免于死亡，这是个事实，可是人类为什么不能既拥有无菌的环境又拥有自然、容易的生产方式呢?

这个问题以及许多类似问题的答案都是：我们一直被教导着要忽视、看轻和违背我们自己的身体，而把所有信心都赋予了我们的大脑。确实，文明人特有的毛病或许可以描述为他的大脑——具体地说，大脑皮层——和身体其余部分之间的阻塞或分裂。这对应于“我”和“我”的分裂、人与自然的分裂，也对应着迷惑不解的衔尾蛇的困惑——它不知道它的尾巴属于自己。令人欣喜的是，最近几年，至少有两位科学家唤起了人们对这一分裂现象的注意，他们是兰斯洛特·劳·怀特和特里根特·玻罗[1]。怀特把这一痼疾称为“欧洲的解体”，并非由于它是欧洲-美国文明所特有的，而是因为它是这个文明特殊的特征。

怀特和玻罗都对这一分裂给出了临床的描述和诊断，这里就不再赘述细节了。他们都用简单的“医学”语言说，我们允许大脑的思维以跟“本能智慧”不成比例的方式发展和控制我们的生活，导致后者急剧退化。因此，我们在自己的内部处于交战状态：大脑渴望着身体所不想要的事物，身体则欲求着大脑所不允许的东西；身体不服从大脑给出的指令，而大脑也无法理解身体的冲动。

不管怎样，文明人都会同意圣弗朗西斯的看法，把身体看作自己的“傻兄弟”。连神学家都已经承认，邪恶和愚笨的源头并不在于作为整体的身体有机组织，而是在于那

1 兰斯洛特·劳·怀特（Lancelot Law Whyte，1896—1972），英国金融家和工程师。特里根特·玻罗（Trigant Burrow，1875—1950），美国精神分析师、心理学家。在怀特的著作中，《人类的下一次发展》（*The Next Development in Man*, Henry Holt, New York, 1943）相当可读并极其有趣，而《物理学和生理学的归一原理》（*The Unitary Principle in Physics and Biology*, Henry Holt, New York, 1949）则完全是为科学领域的读者所写。玻罗的《意识的社会基础》（*Social Basis of Consciousness*, London, 1927）和《疯癫的结构》（*The Structure of Insanity*, London, 1932）都已不幸绝版了，但二者的多数内容都包含在了他的《人类的神经症》（*The Neurosis of Man*, Routledge, London, 1948）一书中。可能还有其他科学家也在这一领域做研究，不过我并不了解他们的情况。——原文注

个有明确界限的、与身体分离的、被他们称为“意志”的大脑。

当我们把人的欲望和动物的欲求放在一起比较，我们会发现很多不同寻常的差异。动物用自己的胃来进食，人则倾向于用脑。当动物把胃填满了以后，它就不再吃了，可是人从来都不确定什么时候应停止进食。当他尽可能多地吃了他的胃可以容纳的食量以后，他可能仍然觉得饿，仍然有想要获得更多满足感的冲动。这很大程度上是出于焦虑。他感到，持续的食物供给不一定有保障，所以在能够尽可能多吃的时候便尽可能多地吃。这也是由于他懂得，在一个充满不安全感的世界里，欢乐是没办法被保障的。因此，进食的直接快感必须得最大程度地被开发，尽管这样做会对消化功能造成伤害。

人的欲望往往是不知餍足的。我们是如此为欢乐而感到焦虑，以至于我们永远无法拥有足够多的欢乐。我们刺激我们的感官，直到它们变得迟钝，如果快乐想要持续，我们的感官就必然需要越来越强力的刺激物。为了自我防御，身体在这种重负之下会生起病来，可大脑却想要不断地继续下去。大脑在追逐快乐，而且由于大脑对未来的关注比对当下要多得多，它把快乐感知为对无限长的未来之中欢乐的保证。然而，大脑同时也知道它没有一个无限长的将来，因此，为了获得快乐，它必然试图将所有天堂似的、永恒般的欢悦塞进一段若干年的时间里。

这就是为什么现代文明几乎在每一方面都是一个恶性循环。它无可满足般地饥饿，因为它的生活方式迫使它承受了永久的挫败。如我们所见，这种挫败感的根源是，我们为了未来而生活，而未来是一个抽象概念，是从经验中得出的理性推断，它只相对于大脑而存在。“初级意识”（primary consciousness），那个了解现实却并不了解关于现实的观念的基本意识，并不知道未来的存在。它完全生活在当下，而且除了发生于当前时刻的事物以外，它不感知任何其他的东西。人类聪明的大脑则审视被称为记忆的那一部分当下经验，通过学习它，能够做出预测。这些预测相对地非常准确和可靠（例如，“每个人都会死”），使得未来获得了高度的现实感，现实得甚至让当下时刻失去了它的价值。

但是未来依然不在此处，并且未来无法成为被经验到的现实的一部分，直到它变成当下。我们所知道的关于未来的一切，都是由纯粹抽象和逻辑性的元素所构成的——推论、猜测、演绎，它们不能被吃下去、被感觉、被闻到、被看见、被听到，也不能被享用。追逐它就是去追逐一个不断在远离的幽灵，你越快地追赶它，它便在你前面跑得越快。这就是为什么现代文明的所有事件都进行得那么匆促，为什么几乎没有人享受他所已经拥有的，为什么人们永远在力图获得更多的东西。这样，快乐将不包括可靠的和实质性的现实，而是由抽象且肤浅的事物如承诺、希望和担保所构成。

因此，这种被设计用来制造幸福感的，过分倚赖于大脑的机制，是一个奇妙的恶性循环，它必须要么生产出越来越多的欢乐，要么就垮台——它用一连串不停歇的、人们几乎无法从其中逃脱的音响和视觉娱乐，不断地引逗耳朵、眼睛和神经末梢。这一机制的瞄准范围里有一个最为合适的“对象”：不停地用收音机在耳旁“搔痒”的人，尤其是那些在一切时间和一切地点使用便携式收音机的人。他们的眼睛不眠不休地扫过电视荧屏、报纸、杂志，在那些媒介上，通过一系列富于挑逗性的对闪闪发亮的汽车、耀眼的女性身体以及其他取悦感官的画面的快速展现，使他们处于一种“高潮未得到释放”的状态，这其中还点缀着一些帮助恢复敏感性的事物（——休克疗法），比如那些展示犯罪分子、血肉模糊的身体、损毁的飞机、职业拳击赛和燃烧中的建筑物的“人性所向”的镜头。相似地，伴随这些画面的宣传材料或广告语也被制作为这种风格：毫无餍足地挑逗，用新的欲望取代每一次的局部满足。

这一连串的刺激物被设计出来，是要使我们对同样的事物产生越来越多的渴望，它们越变越激烈、快速，驱使我们仅仅为获得酬劳而做索然无趣的工作——为了购买更高级的收音机、更时髦的汽车、更精美的杂志，以及更好的电视机。所有这些商品都以某种方式串通起来让我们相信，假如我们再多买一样东西的话，就会在下一个拐角处碰见幸福。

尽管它们给我们带来了极大的喧闹和神经上的紧张，我们却深信睡眠是浪费宝贵的时间，持续追逐这些幻想画面直至深夜。动物把它们的大部分时间用来愉悦地打盹儿或无所事事，但是，由于生命短暂，人类尽可能地把最大量的意识、清醒状态以及慢性失眠症塞进这些岁月里，为的是确保自己不错过这令人惊艳的欢愉的任何一个碎片。

这不是说顺从于这种事情的人是不道德的；也不是说提供这些事物的人是邪恶的掠夺者——他们中的大多数都跟被掠夺者拥有同样的想法，只不过是在同一个恶性循环里驾着一匹更昂贵的马。真正的问题是他们都会彻底地受到挫败，因为试图取悦大脑就像是想要通过耳朵来饮水一样。于是，他们就更加不可能享有真正的快乐，对生活中最强烈和最微妙，而事实上也极其普通和简单的那些欢乐，变得迟钝、麻木。

这种倚赖于大脑的欲望的模糊性、不确定性以及无法餍足的特点，使它变得尤其难以切合实际——难以变得有形和真实。一般来说，文明人不知道自己想要的是什么。他为了成功、名声、幸福的婚姻、乐趣、帮助他人，或成为一个“真正的人”而工作。但这些其实都不是他真正想要的，因为它们并不是现实的“东西”。它们都是副产品，是真实事物的风味和气氛——离了实质性的事物便没法存在的影子。钱完美地象征了所有这些欲望，它只不过是真实财富的一个符号；一个人把钱作为追求目标，是将度量办法混同于现实的一个最明显的例子。

所以，如果我们把物质主义者定义为喜爱有形物质的人，那么，说现代文明是物质化的就绝对不正确。倚赖大脑的现代人热爱的是度量办法而非物质，是表面而非实质。他们喝酒的时候注意酒精的浓度（“精神”），却不在意液体的醇度（“身体”）和滋味。他们建造房子，是为了搭起赏心悦目的“门面”，而不是为了提供居住的空间。因此他们往往建起这样的房屋结构：从外面看起来是宏大、气派的豪宅，但内里实则是窄小逼仄的“鸽窝”。这些“鸽窝”里面的独立住房单元与其说是为了居住而设计，不如说是为了创造一种悦目的效果。在其中，主要的空间奉献给了一间从比例上来说更适合于一座大房子的“起居室”，然而一些必须的基本生活空间（不是仅仅为了“娱乐”而存在），比如厨房，却被缩减为人几乎难以在其中移动——更别说做饭了——的走入式“壁橱”。后果是，这些可怜的小厨房只能供给出无实质性的饮食——鸡尾酒和“开胃菜”，而不能提供实实在在的一顿饭。因为我们都想当“女士们、先生们”并想显得我们有用人，所以我们不愿让种植和烹饪真正的食物这种事弄脏我们的手。相反地，我们购买用来装点“门面”和外表的产品，而不是有“内容”的那些东西。前者的例子有：个头大却无味的水果、比轻飘飘的泡沫绵密不到哪儿去的面包、用化学制品假造的酒，还有用试管混合物调味的蔬菜——这些调味使蔬菜有了令人难忘的汁水。

有人可能会认为，文明人的兽性和动物性最直接的例证是他对性爱的热情，然而事实上在这方面，几乎不存在任何的兽性和动物性。动物在有性欲冲动的时候会发生性交行为，通常是按照某种节律性的模式。而除此以外，性对它们并无吸引力。可是在所有的愉悦快感之中，性是文明人以最大的焦虑感所追逐的一个。这种欲求是倚赖于大脑的而不是关于身体的，男性在把性付诸行动时常见的阳痿现象证明了这一点，他的大脑追求的是他的基因在那时刻并不希求的东西。这令他感到绝望般的困惑，因为他就是不能理解，在性爱的巨大欢愉唾手可得时，为什么不要它。他连续几小时甚至几天都在对性爱的渴求中度过，但当性行为付诸现实的时候他的身体却并不合作。

正像在饮食方面他“眼大肚子小”，在恋爱关系中他也在很大程度上用视觉和理智层面的标准来评判女人，而不是用性爱的和发自内心的标准。他因为表面的鲜亮、外在的皮相而被他的伴侣所吸引，而不是因为一个真实的身体。他想要的是一个有着男孩般的骨骼结构并在外部撑起女性化的平滑起伏曲线的东西——不是一个女人，而是以充气膨胀了的橡胶制成的一个梦。然而性的功能本身仍然相当多地停留在“本能智慧”的领域里，因此，没有什么东西可以增加它已经很强烈的快感，没有什么事可以让它变得更迅疾、更有趣、更经常。开发爱的唯一方式，是通过大脑的幻想，通过用风情、媚态和对将要到来的不明欢愉的暗示来将之包围在其中；就仿佛一次充溢着更多狂喜的爱总是能够通过表面上的改变而实现。

城里人完全为钟表所奴役，是大脑违逆身体、度量器具违逆有形物质的一个尤为重要的例子。时钟是便于使用的设备，用于安排和朋友见面或使人们能够一起做事，尽管这些事情在时钟被发明出来之前很久就已在进行。时钟不应当被砸烂，只是它们应处于自己应在的位置。当我们想要将我们的进食、睡眠、排泄、工作以及放松的生物节律都适应于时钟的统一循环运转的时候，它们就变得不得其所了。这些“机械操练师”对我们的奴役程度已这么深，我们的整个文化都已经与其密不可分，以至于连变革都变得希望渺茫，如果没有它们，我们的文明就会彻底崩塌。一种较少为大脑所支配的文化，会学着与身体的节律相同步，而不是同步于它的时钟们。

大脑预见未来的能力，跟我们对死亡的恐惧密切相关。我们听说过许多这样的人，他们赞同史蒂文森[1]的看法：

群星璀璨映苍天，
造一墓室供我眠；
生而快乐死亦欢，
尚怀一念赴九泉。

这是由于，当身体因耗尽力气而精疲力竭，大脑也疲累不堪时，整个生物有机体都会乐于接受死亡。但当你年轻、强壮的时候，你很难理解死亡怎么会受人欢迎，所以你断定它是令人畏惧的可怕的事情。对大脑来说，它以非物质的方式看向未来，把永远不断地持续下去设想为一件有益的事，而没有意识到，组成它自身的物质最终会感到这个过程不堪忍受地令人疲累。因为没有把这一点纳入考虑，大脑也就无法看到，它自己本身是物质的，易于发生变化，因此它的欲望也会发生改变，并且有一个时刻终会来临，在那时，死亡会变成有益的事。在阳光灿烂的早晨，

1 罗伯特·路易斯·史蒂文森（Robert Louis Stevenson，1850—1894），小说家、诗人，英国新浪漫主义文学的代表之一，最著名的作品是探宝冒险小说《金银岛》。引文是他为自己撰写的墓志铭。

经过一个晚上的充分休息之后，你不想再次睡去。但经过一整天的辛苦工作后，陷入无意识状态的那种感觉——入睡的感觉——会显得格外令人愉快。

不幸的是，我们当中的很多人都没法平静地死去。人们常常死于事故和痛苦的疾病，当一个“心”仍然年轻、敏锐的人与一个垂死的身体徒劳地进行挣扎，这实在是一场悲剧。但是我很确信，身体死去是因为它想死，它发现，抵抗疾病或修复受伤之处超出了它的能力，因而它在与疾病的搏斗中精疲力竭，转而求助于死亡。如果人的意识对整个有机体的感受和本能冲动更加敏感一些，它就会赞同身体的想要死去的这一欲望，并且有时候，意识的确就是想要死去。当处于重病的时候，我们想尽快地死掉，这时我们就接近了这种状态——尽管有时我们也会活过来，要么由于医疗手段使身体恢复了活力，要么是因为机体的潜意识中仍有促使身体复原的驱动力。

这是事实，我们惯于把人看作心与身体的一个二元结构，并且认为前者“理智”而后者只是“愚笨”的动物。我们的文化对大自然的智慧是一种冒犯，也是对作为整体的人的机体的一种破坏性压榨。我们不断地受到挫败，因为大脑的言语和抽象思维给了我们错误的印象，认为我们能够摆脱所有有限性的限制。它忘记了任何的无限性都不是现实，而是一个抽象的观念，它促使我们将这个幻想作为生活中的真实目标来渴求实现。

这种思维方式的具体表现是那个几乎完全理性且无机的物体——机器，它给我们一种能够接近无限性的感觉。因为机器能以远超过身体的能力服从于压力与重荷，并能服从于人体永远没办法承受的单调节律。尽管它作为工具和仆从是有用的，我们却膜拜它的理性、它的效率以及它取消时间和空间限制的能力，于是，我们允许它来调控我们的生活。因此一座现代都市里的工作着的居民，就是那些在一个机器里被它的轮子所挟带着向东向西的人。住在一个充满着“理性化的抽象”的世界中——这个世界跟伟大的生物节律及生物过程毫无关系且毫不和谐——人们把他们的时间主要花在那些可归结为计数和测量的活动上。

事实上，机器做这类智力活动的效率可以比人的效率高得多，甚至已经到了这程度：在不远的未来，对于逻辑运算而言，人脑可能会成为一种老旧过时的机制。人脑的计算功能已经在大范围内被拥有更快速度和更高效率的机械计算机或电子计算机所取代。假如人最主要的财富和价值是他的大脑和他的计算能力，那么，在一个机器能更高效地完成机械化的推理操作的时代里，他就会成为一项没有销路的商品。[1]

人类已经在使用数不清的小玩意儿来取代动物以身体器官所从事的工作，因此，把大脑的推理功能具体化确切无疑是符合这一趋势的，人势必将管理生活的权力交给这些电磁“怪物”。换句话说，理性本身的兴趣和目标并非是使人成为一个完整的有机体。如果我们要继续为着未来而生活，并把预测和计算作为大脑的主要工作，人最终一定会变成寄生在一堆发条装置上的附属物。

事实上，从某个视角来看，把生活“理性化”是不理智的。大脑聪明得足以看到它为自己所造的恶性循环，但它对此什么都做不了。认识到烦恼是不合理的，并不能够阻止烦恼的发生，相反，你会更加为自己的不理性而苦恼。打一场在其中每一方都会输的现代战争是不合理的。哪一方其实都不想打仗，然而我们生活在一个怪圈中，因此我

---

1 我对这个问题的论述依据了诺伯特 · 维纳（Norbert Wiener）不同凡响的著作《控制论》(*Cybernetics*, New York & Paris, 1948)。维纳博士是负责研发更为精细的电子计算机的主要的数学家之一，他也同样地拥有生物学方面的高深知识，因此他能够很好地判断这些机械发明物复制人类机体所能完成的任务的程度。他的书中包含了如下相关的观察：“这样一个事实可能会引起很多人的兴趣——我们可能正在面对着大自然的限制之一，高度专门化的器官到达了一个效率减退的阶段，这最终会导致物种的灭绝。人脑在一条通往这样的‘毁灭性的专门化’的道路上或许已和地球上最后一群雷兽发出的哼鸣声走得同样远了。”(p.180）——原文注

们率先开始战争是为了防止对方首先开战。我们武装自己，知道假如我们不这样做，对方就会先动手；这是正确的，因为如果我们不武装自己，对方就会先武装起来，不动手就能以此取得它们的有利地位。

从这个理性的观点上看，我们发现自己处于圣保罗[1]的两难困境中："立志为善由得我，只是行出来由不得我。故此，我所愿意的善，我反不作。"[2]但这一困境的原因不像圣保罗所认为的那样是由于意愿或"精神"是理性的而肉体则乖张作对。原因在于"分裂之家不能持久"[3]。整个的有机体都"乖张、执拗"，因为大脑和身体是分裂的，而头颅不知道它和"尾巴"是一体的。

几乎没有足够的理由能使我们寄希望于在近期的未来，使社会理性出现任何程度的恢复。看上去，在有大量的人从他们对自己所使的花招中觉醒以前，这个恶性循环必将变得更令人难以忍受，并将更明显而更急切地循环起来。但是，对于那些能清楚地认识到这是一个循环以及产生循

---

1 圣保罗（St. Paul，约 5—67），基督教历史上使徒时代的重要人物之一，在世时讲授基督的福音，在小亚细亚和欧洲建立了一些教堂。

2 出自《圣经新约 · 罗马书》7:18—19。

3 出自亚伯拉罕 · 林肯（Abraham Lincoln, 1809—1865）1858 年 6 月在伊利诺伊州的一次演讲，此次演讲发表于他接受伊利诺伊州共和党的提名，准备参选代表本州的美国参议院议员时。

环的原因的人来说，除了停止它以外不会有其他的做法可以选择。因为一旦你见到了整个的怪圈，“头尾分离”的幻象也就消失了。

到那时，当经验停止了“摇摆”和“翻滚”，它会再次变得对身体的智慧、对它自身深藏不露的实质有敏锐的感受。

我讨论身体的智慧，谈及认识到我们自己是物质的的重要性，不应被视为我们已知观念里的“唯物主义”哲学。我并不是在宣称最根本的现实就是有形的物质。物质是一个词语、一种印象，它指的是一个过程所占用的形式和模式。我们不知道这个过程是什么，因为它不是一个“什么”——这就是说，它不是能够被某个特定概念或标准所解释的东西。假如我们想用旧的语言，仍然使用诸如“精神”和“物质”这样的术语，那么精神必然意味着“无法解释的事物”——由于它是活着的，它一定永远逃避任何有固定形式的体系。物质是被命名了的精神。

尽管有以上种种，大脑依然应当得到一个属于自己的词语！因为大脑——包括它用来推理和计算的中心部位——是身体的一个组成部分和产物，它跟心脏和胃一样自然地存在于人体上，而且，正确使用的话，它也绝不会是人的敌人。但若要正确地使用它，就得把它放在它应在的位置上，因为大脑是为了人而存在的，不是相反。换句话说，大脑的功能是要服务于当下和现实，而并非驱使人疯狂地追逐那个幽灵般的未来。

此外，在我们习惯性的精神紧张的状态中，大脑并没在恰当地工作，这就是它抽象化出来的事物之所以看似这么真实的原因之一。心脏的功能紊乱时，我们会清楚地意识到它的搏动，那时心脏在胸膛里的跳动就变成分散我们注意力的一件事。我们对思考和计划的一心执着，以及我们精神上感受到的疲惫感，都似乎非常有可能是大脑失调的信号。大脑应当——而且目前在某些情况下它确实做到了——像其他身体器官工作时那样轻而易举地完成计算跟推理。大脑毕竟不是一块肌肉，因此它不是为了费力的事情和沉重的负荷而存在的。

然而当人们试图思考或集中精神的时候，他们表现得好像在尽力将他们的大脑差来遣去。他们扭曲着面部、皱起眉头，他们着手精神难题时的状态，就仿佛它们是别人朝自己掷过来的砖头一样。可是你消化食物的时候并不需要咀嚼和承受负荷，去看、听和接收其他神经信号时所要做的努力就更少了。有些人是正确地应用了人最神奇的“装备”的例子：只扫一眼就能加总出一长串数字的“闪电般的计算者”、能在几秒钟之内就弄懂一整页读物内容的智力天才，以及从婴儿期开始便似乎能掌握和声与对位的音乐奇才，比如莫扎特。

我们当中不是天才的那些人对于同样的能力也知道一点。例如这个字谜：POCATELDIMC。你有可能会在这些字母上花费好几个小时，为了找出那个被打乱字母顺序的词而试用一种又一种排列组合的方法。你不妨试试在一种放松的心境里去注视这个字谜，在很短的时间内你的大脑就会毫不费力地将答案告诉你。[1]我们有充分的理由不去信任承受压力的恍惚头脑中"闪现"的答案，可是对逻辑问题给出迅速、毫不费力且几乎不受意识控制的解决办法，正是大脑应当做的事。

假如运转方式得当，大脑就是"本能智慧"的最高形式。因此它应该像鸽子的返巢本能、像胎儿在子宫中成形那样运作，既不能将过程形诸言语，也无法知道它是"怎么"发生的。有自我意识的大脑，跟有自我意识的心一样，是紊乱的，它在"我"与我的经验相分离的尖锐感受中显示和表明自己。只有当意识在做着它本应做的事——不"翻腾"或"旋转"着想要从当下的经验中出离，而是不费力气地觉察着当下——大脑才能够承担它正确的职责。

1 如果你在一分钟以内没有成功，那么请你继续往下读这本书。否则你要么会对自己生气，要么着恼于我，之后恼火的情绪引起的压力就会干扰你的解谜过程。——原文注

第五章　关于觉察

为了了解音乐，你得听音乐。可是只要你开始想着“我正在听音乐”，你就已不在听音乐。想要弄明白欢乐或恐惧，你一定要全心全意地感知它。一旦你开始给它们命名并且说“我很快乐”或“我害怕”，你就没有在觉察它们。

只有不懂得问题含义的人才会发出这样的疑问："关于这个问题，我们应做点儿什么？"如果一个问题能够被解决，弄懂它和解决它就是同一回事。在另一方面，为一个你没弄懂的问题而忙碌，就像是想通过用手把黑暗推到一边来驱逐黑暗一样无效。而实际上只要光线一进入，黑暗便会立即消失。

这个情境尤其适用于目前摆在我们面前的问题。我们怎样才能够弥合"我"与"我"、大脑与身体、人与自然之间的分裂？怎样才能终结这些分裂所造成的一切恶性循环？我们如何才能把人生作为不同于"蜂蜜陷阱"——而我们在其中是挣扎的苍蝇——的体验来经历？我们怎么能够在这个本质上充满不安全感、无常且不间断地变化着的世界里找到安全感和心灵的宁静？所有这些问题都要求有一个方法和一个行动方针。与此同时，一切都显示出，问题尚未被弄清楚。我们不需要行动——暂时还不需要。我们需要更多的"光"。

"光"在这里意味着觉察（awareness）——觉察到生活，在经验发生的当下时刻察觉到它而不对它产生任何判断或想法。换句话说，你必须得实事求是地看待和感受你正在经验的事物，而不是以它被命名的方式来看待和感觉它。这个非常简单的"睁开眼睛"的行为会带来最不同寻常的认识的变革和人生的变革，而且它会证明，我们的很多最难以应对的问题都只是错觉和假象。这可能听起来像是一个过于简化的结论，因为大多数人都想象他们自己已经完全且充分地感知到了每一个当下，但我们应当看到，这远不是事实。[1]

由于觉察是以一种摆脱了观念和判断的方式来看待现实，想要解释出并写下它表明了什么显然是不可能的。任何可以被描述的东西都是一种观念，我无法对非观念的事物——真实的世界——作出肯定性的陈述。因而我应当满足于谈论经由觉察而消除的那些错误印象，而不是对觉察所揭示的真相感到满意。觉察所揭示的真相只能被某些文字符号化，而对于没有直接地理解我们在此所质疑的真相的那些人，这些文字毫无意义。

真实且确切无疑的事物都太过现实和逼真，它们不能够被描述，而试图去描述它们就像给一朵红玫瑰涂上红颜料。所以接下来的步骤必然相当“消极”。真相是通过驱除挡住了它的光的事物来揭示的，这就跟雕塑艺术一样，在进行雕塑时，艺术家的创作靠的不是营建，而是削减。

我们看到，想在一个无常的世界里发现安全感和内心安宁所引发的问题，显示出这个难题还没有被弄懂。在更

1 本章中“觉察”一词是在克里希那穆提（J. Krishnamurti）给它赋予的意义上使用的，他的著作以卓越的洞察力论述了这个主题。——原文注

进一步之前，必须搞清楚我们所说的这种安全感主要是精神上的和心理上的。想要生存，人就得拥有最低限度的维生物资，例如食品、饮料和衣物，可是人得明白，它们不可能无限期地被使用。如果提供六十年内最低限度可维持生命物品的保障就能够满足人心，人类的难题便会接近于零。实际上，我们并不拥有这一保障的原因恰恰在于，我们想要的比最低限度的生活必需品多得多。

显然，从一开始，想要在一个本性是瞬息万变和流动性的世界里拥有完全的安全感的愿望就是自相矛盾的。但是这一矛盾是深层次的，比对安全感的渴望和充满变动的现实之间的冲突更深一点。假如我想要感到安全——也就是说，想要不受到不断变动的生活的影响——我就是在希冀着与生活分离。然而正是这种分离之感使我感到不安全、没有保障。想要感到安全，意味着从生活中隔离出“我”并巩固“我”，但正是因为感到成了一个孤立的“我”，才使我们觉得孤独和恐惧。换句话说，我能得到的安全感越多，我想要的也就越多。

更加直白的表述是：对安全感的渴求和对不安全的感受是同一回事。屏住呼吸就是失去呼吸。一个以对安全感的追寻为基础的社会，只不过是一场屏息憋气的比赛。在这场比赛里，每个人都紧绷得像一面鼓，紫胀得像甜菜根。

我们以无数种方式巩固和封闭我们自己，借此来寻找安全感。我们需要“保护伞”，希望自己是“独特”和“特别”的，力图加入最安全的教会、最棒的国家、最高的阶层、最正确的圈子以及最“正派”的人群。这些“保护伞”导致了我们之间的分裂，并引致了更多的不安感，而更多的不安感则要求有更多的防护。当然，这一切都是在这个真诚的信念之下完成的：我们是在努力做正确的事情，努力用最好的方式生活。可这个信念其实也是充满矛盾的。

只有当我被分成了两半，我才会严肃地考虑去努力实现这个理想：改进自己。必然有一个好“我”在想要使坏“我”得到改进。拥有最好心的意愿的“我”会对任性的“我”做工作，两者之间的争斗定然会在很大程度上把二者的不同之处突显出来。结果是，“我”会感到比任何时候都更孤立，并因此而加强了那种令“我”表现得如此之糟的孤单和被隔绝的感觉。

除非清楚地认识到对安全感的渴求本身就是一种痛苦和一个矛盾，除非意识到我们越去追求它，整个过程就会变得越发痛苦，我们就根本没法开始思考安全感这一难题。无论人们在头脑中把安全感设想为哪一种形式，这一点都是正确的。

你想要快乐，想忘记你自己，然而你越是努力要忘掉自己，你就越想起这个你试图忘记的自己。你想摆脱痛苦，但你越是挣扎着想要逃避，其实也就越给自己的痛苦火上浇油。你感到恐惧，想要勇敢，但是你为了变得勇敢而做出的努力却是企图让恐惧从它自己身上逃走。你想得到心的平静，可是你抚慰心灵的尝试就像是试着用熨斗去熨平波浪。

对于以焦虑的形式表现出来的这种恶性循环，我们都很熟悉。我们知道焦虑是徒劳无用的，但我们继续忧虑着，因为认定它是徒劳的并不能使它终止。我们焦虑是由于我们感到不安全，并且我们希望感到安全。然而，说我们不应当想要感到安全是完全没用的。把坏名声给一种欲望，并不能消除这种欲望。我们必须发现的是，安全性并不存在，找寻它是痛苦的，而且当我们想象着自己已经找到它了的时候，我们其实并不喜欢那种感觉。也就是说，假如我们能够真正弄清楚我们在寻找的是什么——弄懂安全性就是孤立和隔绝，以及我们在追寻它的时候我们实际上是在对自己做什么——我们就会意识到我们一点也不想拥有它。无须他人告诉你，你不应当屏住呼吸十分钟。你明白你自己做不到，也懂得这种尝试会带来极度的身体不适。

首要的事就是搞清楚，这个世界上没有安全性或安全感。最坏的恶性循环之一是酗酒的问题。在许多案例中，酗酒者十分清楚地知道他正在毁掉自己，知道酒对自己而言是毒药，知道自己很讨厌喝醉甚至不喜欢酒的味道。然而他还是喝。这是因为，尽管他或许不喜欢饮酒，不喝酒的经验却更差。不饮酒给了他“恐怖”，因为那时，他面对面地站在揭去了面纱的、我们世界最根本性的不安全感跟前。

这里蕴含着问题的核心。与不安全感面对面，仍然并不等于了解了它。想要弄明白，你必须成为它而不是仅仅面对它。这就像是那个波斯故事，关于一个来到天堂门口敲门的智者。从里面传出上帝问他的声音：“谁在那儿？”智者答道：“是我。”“在这里，”上帝的声音回答道，“没有‘你’和‘我’的分别。”然后智者离开了，花了很多年在深入的静坐冥想中思考上帝的这个回答。智者第二次来到天堂门口时，上帝的声音问出同样的问题，而他再次回答：“是我。”门还是关着。一些年后，智者第三次回到那里，他敲门的时候，那个声音又一次要求他回答：“谁在那儿？”智者喊了出来：“是你自己！”这一回，门打开了。

了解安全感并不存在，远不止于接受所有事物都处于变化中的理论，也不止于观察到人生的短暂性。安全感的观念是建立在这样一种感觉上：我们内部的某种东西是永恒的，它能够挨过人生的所有岁月和变化。我们挣扎着想要设法保证这个持久的核心，这个我们的存在的中心和灵魂——它被我们称为“我”——的恒在、持续及安全性。因为我们认为它是那个真正的“人”，是我们的思想的思维者、我们的感觉的感受者、我们的知识的拥有者。直到我们认识到这个“我”并不存在，我们才能真的明白，安全感是不存在的。

了解来自于觉察。那么，我们能否十分单纯地接近我们的经验——我们的知觉、感受和思维——就好像我们以前从来不知道它们一样？我们能否不带有偏见地看待正在进行着的一切？你可能会问：“我们应该察看哪些经验、知觉和感受？”我会反问：“你又能察看哪些？”答案是，你必须看向那些你现在所拥有的。

这一点的确是相当显而易见的，可是非常显而易见的事物往往会被忽视。如果一种感觉不是正在发生，你便不会觉察到它。除了当下的经验以外，其他的经验都不存在。你所知道的、你实际上所觉察到的，都只是这一时刻正在发生着的，除此之外，没有别的东西存在。

但是记忆呢？通过回忆，我不是无疑还能知道过去的事情吗？回忆某件事，好吧。比如，想起一位朋友沿着马路走过来的这件事。你觉察到的是什么？你并不是在实际地看着你的朋友沿着马路走来，你不能走上前去跟他握手，或是问他一个你上次见到他时忘了问的问题。换言之，你根本不是在观看那个实际的过去。你是在看着过去在当下留下的痕迹。

这就像是看见鸟儿在沙子上留下的踪迹。我看到了当前的印迹，但我并没有同时看到鸟儿在一小时前踩出了这些印子。鸟儿已经飞走了，我现在感觉不到鸟儿的存在。是从沙土上的痕迹中，我推测出曾有一只鸟踩在上面。从记忆中，你推测出过去发生的事情，但是你并不能觉察到任何过去的事情。你是在当下知道了过去，而且这个过去是作为当下的一部分而为你所知的。

我们现在看到，我们的经验[1]完全是短暂、瞬时的。从某个角度看，每一个时刻都难以捉摸、转瞬即逝，以至于在它消失以前，我们甚至来不及思考它。从另一个角度看，这一时刻一直在这儿，因为除了当前的时刻以外，我们根本不了解任何其他的时刻。它永远在逝去，永远在快速地变成过去——比我们所能想象出的速度更快。然而同时，它也在不停地出生，永远是新的，以同样快的速度从被我们称为未来的那个完全未知的事物中显露出来。思考它几乎让你喘不过气来。

说经验是短暂的，其实是在说经验与当下的时刻是同一回事。说这一时刻一直在逝去或一直在成为过去，以及它不停地在出生或不停地从未知中萌芽，就是在说经验也是如此。你刚刚有过的体验已经消失得无影无踪，留下的

1 英文中的 experience 一词对应中文的“经验”或“体验”。为了遵照中文习惯，在本书中当谈到当下时，大多译为“体验”，涉及过去和记忆时，译为“体验”或“经验”。

是它作用于当下的某种痕迹，我们把这叫作记忆。尽管你可以猜测接下来要发生什么，实际上却是，你并不知道会发生什么。任何事都有可能发生。但现在正在发生着的体验——正如之前时刻的那一经验——像是一个新生的婴儿，它在开始长大以前便会消失。

当你在观察这个当下的体验时，你是否觉察到某人正在观察它？除了体验本身以外，你还能不能找到一个体验者？你能否在阅读这个句子的同时想到你自己正在读它？你会发现，为了想到你自己正在阅读，你必须短暂地停止阅读。第一个体验是阅读。第二个体验是这一想法："我正在阅读。"你能否找到一个在想着"我正在阅读"的人？也就是说，当此刻的体验是"我正在阅读"的这个想法时，你是否能想到你自己正在想着这一想法？

你必然会又一次地停止，不可能仅仅想着"我正在阅读"。你转换到了第三个体验上，这第三个体验就是这个想法："我正在想着我在阅读。"不要让这些想法的快速运转欺骗你，它们让你以为你是在同一时间想到它们的。

可是到底发生了什么呢？在任何时刻，你都不可能将自己从当前的想法或当下的体验中分离出来。第一个经验是阅读。当你试图去想着你自己正在阅读，体验即已发生了变化，接下来的"当前"体验变成了"我正在阅读"这个想法。不转换到另一个体验，你就无法把自己从第一个经验中分离。这就是“围着玫瑰转啊转”[1]的游戏。当你想着“我正在读这句话”的时候，你并没在读它。换言之，当你处于某个体验中时，你只觉察到了那唯一的经验。你永远不可能觉察到自己正在觉察那个“当下”的体验。你绝对不可能把想着那个念头的人和念头本身，把知道某一事物的人和他所知的事物分开。假如你试图去将它们分开，那么你所能发现的其实是一个新的想法、新的经验。

因此，觉察意味着感知到想法、感受、知觉、欲望，以及所有其他形式的经验。在任何时候你都无法感知到任何非经验——非想法、非感受——的事物，而且，你在任何时候都不可能感知到一个体验者、思考者或感受者。如果事实如此，那么是什么让我们认为体验者、思考者和感受者是存在着的呢？

例如，我们或许会说，作为思考者的“我”是这个物质性的肉身和大脑。但这具身体无论如何也不能跟它的想法和知觉分开。比如说，当你对触摸有感觉的时候，那个触感就是你身体的一部分。当那种知觉在持续时，你无法把身体从其中挪走，就像你没办法从头痛中走开或离开你自己的双脚一样。只要一种感受是当下时刻的，它就是你的身体，也是你自己。你可以把身体从一把不舒服的椅子

1　一种儿童游戏，参加者围成圆圈跳舞，收到信号时全部蹲下。

里挪开，可是你不能将它从对椅子的知觉中挪走。

存在着一个单独的思考者、一个与经验有所区别的“我”的这一观念，来自于记忆，也来自于思维的迅疾变化。这就好像是转动一根点燃的棍子，制造出有一圈连续不断的火的假象。要是你把记忆设想为有关过去的第一手知识，而没有认识到它其实是关于当下的体验，那么你就被“能够同时了解过去和现在”这一假象蒙蔽了。这个假象告诉你，你内部的某种东西既与过去的经验不同，也区别于当下的体验。那么你会想：“我了解这个当前的体验，它跟那个过去的经验不一样。如果我能比较这两者，并注意到经验发生了变化，那么我就一定是一个与经验不同的、恒常的东西。”

然而，事实上，你没办法拿这个当下体验去跟过去的经验做比较。你只能拿它去跟对过去的回忆做比较，而对过去的回忆是当下体验（present experience）的一部分。当你明白地认识到记忆是当下体验的一种形式，你会清楚地看到，试图把你自己跟这个经验分开是不可能的，就像试图让你的牙齿咬到它们自己那样不可能。存在着的只有经验。不存在着经历经验的某样东西或某个人！你并不感到感觉、思考想法或意识到知觉，这跟你并不听见听觉、看到视觉或闻到嗅觉是一样的。“我觉得很好”意味着一个很好的感觉正发生在当下的时刻。它不是说存在着一个称作

“我”的东西和另外一个与其不同的、称为“感觉”的东西，不是说当二者相遇时，这个“我”感到了很好的感觉。除了当前的感受之外，不存在任何感觉，而且无论当下的感觉是什么，它就是“我”。在某些当下的体验之外，没有人曾能找到一个“我”，或反之，也没有人曾在“我”之外找到过经验——这说明两者是同一的。

作为一个纯粹的哲学论争，这是在浪费时间。我们不是在试图进行一场“智识上的讨论”。我们觉察到这一事实：任何思考想法并经历经验的独立的“我”，都是一个幻觉。要明白这一点，就是要认识到人生极其短暂，不存在着永恒或安全感，而且没有一个可以被保护起来的“我”。

有一个中国的故事，说的是一个人来到一位伟大的智者面前，对他讲：“我的心得不到安宁。请您为我安心。”智者答道：“把你的心（你的‘我’）拿到我面前来，我来安抚它。”这个人回答说：“我一直在寻找我的心，找了这么多年，可还是找不到它。”智者作结道：“我已经为你把心安好了。”[1]

人类的生活为何如此彻头彻尾地令人恼怒和充满挫败感呢？真正的原因不是死亡、痛苦、恐惧或饥饿的存在。

1 这是一则禅宗的公案，说的是神光慧可禅师悟道以前，赴嵩山少林寺拜谒菩提达摩祖师时发生的故事。慧可禅师后来成为禅宗二祖。

事情的愚蠢之处在于，当这些发生——成为当下——的时候，我们转圈、忙乱、翻腾、躁动，努力地想要将“我”置于经验之外。我们假装自己是变形虫，通过把自己分裂成两半和把自己隔离于生活来保护自己。理智、完整性和一体性都存在于这个认识中：我们不是分裂的，人跟他的当下经验是一体的，我们不可能找得到一个独立的“我”或一颗单独的心。

在我独立于我的经验这样的观点还存在的时候，就会出现困惑和混乱。因此，也不会有对经验的觉察和了解，也便没有可能去吸收和消化经验。想要弄清楚当下的这一刻，我一定不能试图跟它分开；我必须得用我的整个存在去觉察它。这就像要避免憋气十分钟一样，它不是我应当做的事。在现实中，这是我能够做的唯一的事。做任何其他的事其实都是一种尝试做不可能的事的疯狂状态。

为了了解音乐，你得听音乐。可是只要你开始想着“我正在听音乐”，你就已不在听音乐。想要弄明白欢乐或恐惧，你一定要全心全意地感知它。一旦你开始给它们命名并且说“我很快乐”或“我害怕”，你就没有在觉察它们。假如我们不了解恐惧、痛苦、悲伤和厌倦，它们必然会继续成为问题。但是了解，要求有一颗单一且完整、未分裂的心。这无疑是那句奇怪的话——“你的眼睛若了亮，全身就光明”[1]——的含义。

1 出自《圣经新约 · 马太福音》6:22，此处引用的英文原文为：If thine eye be single, thy whole body shall be full of light.

第六章　神奇的一刻

意识到不可能从痛苦中逃离之后，心就会对它做出让步，吸收它，并且只对痛苦有清晰的感觉，而不会感到有任何的“我”在感受痛苦或反抗痛苦。在这种情况下，心是在以它体验快乐的完整、自然而然的方式在体验痛苦。痛苦是这个当下时刻的性质，而我仅仅能活在这一刻。

你正在听一首歌，我突然问你："此时此刻，你是谁？"假如你完全不停下来组织语言，你会如何立即且自然而然地回答这个问题？要是这个问题并没使你在听歌的过程中受到冲击，你会一边哼着歌一边回答。如果这个问题惊到了你，你会答道："此时此刻，你是谁？"可是假如你停下来思考这个问题，你就会想要给我一个答案，它不是关于此刻，而是关乎过去。我会得到你的一些信息：你的姓名、住址、你的职业以及个人历史。但我问的是你*是*谁，而不是你*以前是*谁。觉察现实和感知当下，意味着去发现在每一个时刻，经验就是一切。除此以外，什么都不存在——没有一个正在经历着经验的"你"。

即使是在我们最明显地有自我意识的那些时刻，我们所意识到的那个"我"也总是某种特定的感受或知觉：肌肉的紧张、冷或暖、疼痛或刺痒、呼吸或脉动着的血流。我们对于那个能够感知的东西，绝对不会有知觉，这就好像一个人不可能闻到自己的鼻子，或亲吻自己的嘴唇。

在幸福和欢乐的时光里，我们通常都乐意觉察当下的时刻，而且希望彼时彼刻的经验成为一切。在这样的时刻里，我们"忘了自己"，心也不会想要把自己和自己分开——跟经验相分离。然而当痛苦出现的时候，不论它是肉体上的还是情感上的，是实际的还是预期中的，心的"分裂"就开始了，之后怪圈便不断循环。

由于“我”无非是我现在所知道的一切，所以一旦清楚地意识到“我”不可能逃避当下时刻里的现实，我们内在的混乱状态就一定会停止。除了以觉察欢乐的那种完满的方式去觉察痛苦、恐惧、厌倦或悲伤，不存在别的可能性。人类的机体拥有能适应肉体疼痛和心灵痛苦的最奇妙的力量。但只有在痛苦没有被想要摆脱它、想要把“我”和痛感分开的内在驱力频繁地刺激的时候，这些力量才能够完全发挥作用。这种内在驱力造成了一种紧张状态，使得痛苦反而变得强大了。可是如果紧张终止了，心和身体就会开始吸收疼痛，就像水对风吹或对砍削的反应。

还有一个故事，也是关于中国的某位智者。有人问他：“我们应该如何摆脱烈焰的灼烧？”当然，烈焰指的是苦痛之火。智者答道：“走到火焰当中去。”“可是怎么能够能从灼人的火焰中逃脱？”智者说：“走进去之后，就没有痛苦会使你更烦恼了！”我们不必思考得像这位智者那么深刻。同样的观念也出现在《神曲》中，但丁和维吉尔都发现，离开地狱的路就位于地狱的中心处。[1]

在充满巨大欢乐的时刻，一般说来，我们不会停下来想：“我很快乐”或“这就是欢乐”。通常情况下，直到欢

1 《神曲》是中世纪意大利诗人但丁创作的史诗，以第一人称叙事，在其中出现了古罗马诗人维吉尔的灵魂。

乐的感受过了它的顶峰，或者当我们担心欢乐会消失的时候，我们才会停下来考虑这种想法。身处欢乐中的我们对那些时刻能够清清楚楚地觉察，因此我们不会想要用其他体验来跟当时的经验做比较。出于这个原因，我们不会为那种欢乐命名，因为当呼出一个名字不仅仅是为了发出感叹的时候，它就必然建立在比较的基础上。“欢乐”是经由对比，通过比较心的一种状态和另一种状态才跟“悲伤”区分开的。要是我们从来没听说过欢乐这回事，那就不可能把悲伤认作悲伤。

但是在现实中，我们无法把欢乐和悲伤做对比。只有通过心的两种状态的快速交换，比较才成为可能。可你没法像把目光在一只猫和一条狗之间移动那样，将你的真实感受在欢乐和悲伤间来回切换。悲伤只能被拿来跟对欢乐的记忆比较，而对欢乐的记忆跟欢乐本身根本不是同一个东西。

和文字一样，记忆从来没能真正成功地“抓住”现实。记忆总是有几分抽象，它是关于事物的知识，而不是事物本身的知识。记忆从来都捕捉不到本质、当下时刻的强度以及每项经验的具体现实。它是——正如它曾经是——经验的死尸，生命已经在其中消失了。我们通过记忆所了解到的，只不过是二手的东西。记忆是固定的，因此它是毫无生气的。你对你已故的祖母的记忆只能再次反映出她曾经是个怎样的人。假如她还活着，这个真实的、眼前的祖母永远有可能说出一些不同的东西，你不可能绝对地确定她接下来会做什么。

了解一个经验有两种方式。第一种是拿它跟对其他经验的记忆做比较，由此而能够命名它和定义它。这是根据已逝的过去来解读它。第二种办法是按照实际情况觉察它，就比如在强烈的欢乐中，我们忘记了过去和未来，让当下的时刻成为一切，而不会停下来去想："我很快乐。"

两种方式各有它们的用场，但它们对应着通过文字来认识事物和直接地认识事物之间的不同。菜单当然有用，可是它代替不了一顿饭。指南手册是一种令人赞叹的旅行工具，不过它肯定没法跟它所描述的那个国家相提并论。

因而重点是，当我们试图通过拿当下跟记忆做对比来弄懂它的时候，我们便对它理解得不够深刻——不像抛掉比较，全心地感知它那么深入。而前者却往往是我们对待不愉快的经验时所采用的方法。我们想要依据过去来处理它们，而不是以它们本来的样子去觉察它们。那个或惊恐或孤独的人马上开始想："我很害怕"或"我是这么孤独"。

这自然是想要避免当下体验的一种企图。我们不希望去觉察这个此刻。但由于我们无法从这一刻中逃离，我们能逃往的唯一地方就是记忆。在记忆中我们感到自己处于安全地带，因为过去是固定的和已知的——并且当然，是逝去的。因此为了从——比如恐惧——中逃脱，我们立即想要把自己从恐惧当中分离出来，并想通过依照记忆，依照已确定的和已知的事物来解读它而把它“固定化”。换句话说，我们想要通过把这个神秘的当下跟（记忆中的）过去做对比，通过命名它和“识别”它，来使我们自己能够应付当下。

假如你是在试图从你能够逃脱的事物中逃离，这样的心理模式就还不错。对于弄清楚何时应抛开心中的阴霾，这个方法很有用。但它不会告诉你如何跟你无法从其身边逃离的事物相处，那些事物其实已然是你自己的一部分。你的身体不是借由知道毒素的名字才把它们排出体外的。想要通过给恐惧、沮丧或厌倦感命名来控制它们，实际上是求助于诅咒和向神灵祈祷的迷信。

我们可以相当容易地就认识到为什么这个模式不起作用。为了使恐惧显得“客观”，我们显然想去了解、命名并定义它，也就是说，把它和“我”分开。可是我们为什么要试图独立于恐惧之外呢？因为我们感到害怕。换句话讲，恐惧想要把它自己和恐惧分开，就像是一个人以火来与火搏斗。

并且这还不是全部。我们越让自己习惯于根据记忆来理解当下，习惯于用已知的来理解未知，习惯于通过已逝的来理解正在进行着的，我们的人生就会变得越来越干涸、腐旧，越来越少有欢乐而越来越灰心、沮丧。因而，在人把自己从生活中的烦恼和痛苦中保护起来的同时，人就变成了某种包裹在“传统”的硬壳中的软体动物，以至于当现实最终突破了这一保护层——现实必然会冲破它——的时候，被压抑的恐惧之潮便泛滥横行了。

从另一个角度来看，如果你察觉了恐惧，并且意识到，由于这种感受就是现在的你自己，所以逃避是不现实的。你会发现，把它称为“恐惧”，几乎没有告诉你关于它的任何信息。因为比较和命名都是以记忆而不是以真实的过去经验为根据的。你没有其他选择，而只能用你的整个存在去把它作为一个全新的体验来感知。在这个意义上，其实每一项经验都是新的，在我们生命中的每一个时刻，我们都身处新的和未知的事物当中。这时你不再拒斥这一经验或想要给它命名，而是全心地接受它，由此，那种关于“我”和当下现实之间存在着冲突的整个感受都会消失。

对大多数人，这种冲突始终在我们的内心折磨着我们。因为我们的生命是一场漫长的努力，为了抵抗未知、反抗我们居于其中的每个真实的当下——它正是未知变为已知的过程。尽管我们都生活着，我们却从来没有真正地学着跟每一个当下的时刻生活在一起。我们每时每刻都在小心翼翼着、犹豫着，随时准备着抵抗。这些都是完全徒劳的，因为生活不由分说地推着我们进入未知，我们的抵抗就像迎着咆哮的激流游泳那样徒劳无用、令人气恼。

在这个“困局”中，生活的艺术既不是漫不经心地随波逐流，也并非胆怯地紧紧抓牢过去和已知。它在于对每一个时刻都充分地敏感，在于把每一时刻都看作是全新和独特的，在于打开心扉并全然地接受。

这不是一种哲学上的理论而是一种尝试。一个人得试着这样做，才会懂得这种方法把新的适应生活的力量——确切地说是一种吸收痛苦和不安全感的力量——全部调动了起来。就像很难解释人的心跳或基因的形成一样，要描述这种吸收功能如何发挥作用也是困难的。“开放”的心是自然而然这样做的，正如同我们大多数人意识不到自己的呼吸——我们根本没法对呼吸进行解释。这件事的原则显然跟柔道差不多：“柔道”的意思是以柔和的方式，通过做出让步来征服相反的力量。

关于这种方式极高的有效性，自然界给我们提供了很多例证。中国的道家哲学——“柔道”二字本身也表达了道家的某种思想——注意到了水以柔克刚的力量。道家哲学还告诉我们，柔顺的柳树比强韧的松树更能够挺过暴风雪的袭击，因为当松树坚硬的枝条因积聚了越来越多的雪而断裂的时候，柳树那富有弹性的树枝却会因落雪的重量弯曲，使雪滑落，然后再次弹回原处。

假如游泳的时候你被强大的水流困在中间，抵抗就是毁灭性的行为。你必须顺着它游动，慢慢地设法靠岸。若是一个人直挺挺地从高处下坠，他的四肢就会受伤，然而如果他像一只猫那样放松地落下，他就能安全着陆。一座在结构上没有“弹性”的建筑会很容易在风暴或地震中倾塌，少了轮胎和弹簧的缓冲减震，汽车也很快就会在路上解体。

心有完全相同的力量。它也有弹性，而且能够像水和衬垫那样吸收震击。不过，这种对相反的力量做出的让步，跟逃跑有着天壤之别。你去推一片水的时候，它不会逃开，它仅仅是在受到推力的地方退后，并把你的手围起来。吸收震击的物体不会像保龄球瓶受到击打时那样倒地，它做出让步，却又仍停留在原处。逃开是刚硬之物在面对压倒性的力量时所能采取的唯一防御措施。因此，出色的震击吸收者不但有“弹性”，也有稳定性，或者说“重量”。

同样地，这里所说的“重量”也是心的一个功能，而且它出现在深为人们所误解的懒惰现象中。值得注意的是，紧张的和有挫败感的人总是忙碌的，即使在无事可做的时候，因为这种无所事事的状态其实是恐惧造成的“懒”，而不是休息造成的。但是心 - 身是一个保存和积聚能量的系统，在聚集能量的过程中它的懒惰是恰当的。当能量被贮存起来以后，它便会乐于运转，而且是熟练地运转，一丝一毫的抵抗都用不到。因而，不仅必要性能激发创造力，连懒惰也是创造力的母亲。你可以去注意看那些熟练地从事艰巨任务的人，他们的动作不急不忙且“笨重”。即使是在与重力反向较量的时候，优秀的登山者也会利用重力，踩着缓慢、沉重的步伐，他看起来是在沿着山坡蜿蜒前进，像一艘逆风行驶的帆船。

依据这些原则，心是如何吸收痛苦的呢？它发现反抗和逃避——那个产生了“我”的过程——都是错误的举动。痛苦是没法逃避的，而且作为一种防御机制的反抗，只是让情形更坏而已；整个系统都被外部的震击给震动了。意识到这种反应方式的不可行，心必须按照它自己的天性来行动，那就是保持稳定，而后吸收痛苦。

保持稳定就是克制着不试图去把自己从痛苦中分离出来，因为你明白你做不到。从恐惧中逃离就是恐惧本身，与痛苦斗争就是痛苦，想要变得勇敢，实际上是由于感到了害怕。如果心处于痛苦中，心就是痛苦。除了他自己的想法以外，一个思考着的人没有其他的存在形式。逃离是不存在的。但只要你还没觉察到思考着的人和他的思想之间密不可分的关系，你就会想要逃避。

在心保持稳定之后，十分自然地，吸收的功能随之出现了。心的吸收功能完全依赖于自身，一点也不费力气。意识到不可能从痛苦中逃离之后，心就会对它做出让步，吸收它，并且只对痛苦有清晰的感觉，而不会感到有任何的“我”在感受痛苦或反抗痛苦。在这种情况下，心是在以它体验快乐的完整、自然而然的方式在体验痛苦。痛苦是这个当下时刻的性质，而我仅仅能活在这一刻。

有时候，当反抗停止的时候，痛苦便消失了，或减弱为一种可以轻松地承受的疼痛。也有时痛苦会依然持续，可是反抗不存在了以后，出现了一种难以描述的、不熟悉的感受痛苦的方式。痛苦不再是成问题的。我感觉得到它，但我没有想要赶走它的冲动，因为我已发现痛苦和为逃避痛苦所做的努力是同一种东西。想要摆脱痛苦就是痛苦本身；摆脱痛苦的努力并不是跟痛苦不同的一个“我”所做出的“反应”。当你发现了这点，逃离的欲望便会“并入”痛苦本身，而后消失。

如果我们暂时排除阿司匹林[1]的功效，那么你没办法像把手从火焰里移开那样把头从头痛中挪走。“你”等于“头”，等于“疼痛”。当你真正明白你就是疼痛，痛觉就不再是一种行为动机，因为不存在什么需要被拿开的东西。至此，在真实的意义上，疼痛变得无足轻重了。（你感觉到）疼痛[2]——仅此而已。

1 美国人治疗头痛的常用药。

2 此处原文为“it hurts”，意为不依赖于一个主观感受体的“我”而存在着的痛感。

然而，这不是一种只被应用于危急时刻的尝试，它不是什么诀窍。它是一种生活方式。它意味着在一切行动和关系中，从每一刻开始，总是觉察到当下，对当下的时刻保持敏锐和敏感。这又取决于认识到，你除了觉察当下以外，实际上没有其他的选择——因为你无法把自己和当下时刻分离，你也不能够定义它。你的确可以拒绝承认这一点，但代价是花费巨大而徒劳的努力去以你的整个生命来反抗那个不可避免的东西。

一旦一个人明白了这一点，仍然说可以在下述两种生活方式之间做出选择，就非常荒谬了。这两种生活方式是：1. 在无结果的恐慌中反抗生活之流；2. 睁眼看向一个新的、改观了的且日新月异的世界。这里的关键之处就是了解。去问怎么做到以及技术或方法是什么，有什么样的步骤和规则，就彻底搞错了重点。创造尚不存在的事物时才需要方法。我们在这里关心的是如何弄清楚某种已在的东西——当下的时刻。这并非一种为了完善自我而存在的心理或精神守则。它不过是要让我们对当前的体验能够感知，并认识到你既无法定义它也不能将你自己从它之中分开。只存在着一个规则，就是“看”！

心打开了以后，我们看到了一个新世界，它就像创世纪的第一天那么新：“那时晨星一同歌唱，神的众子也都欢呼。”[1] 这样说不再仅仅是诗意的抒情。因为依据记忆、过去和文字来了解一切，在某种程度上，我们就像是在一生中的大部分时间里把鼻子伸进了一本旅行指南手册，却从没真正地观赏到风景。怀特海[2] 对传统教育的批判也适用于我们的整个生活方式：

> 在教育的常规上，我们太过于迂腐教条……在伊甸园里，亚当见到了动物，之后再为它们命名；而在传统的教育体制中，孩子们先说出动物的名字，然后才见到它们。[3]

在“命名”一词最广泛的意义上说，它指的是通过过去来解读经验，把经验转化为记忆的模式，把未知结合进已知事物的系统。除此之外，文明人几乎不知道任何其他的理解事物的方式。每个人、每样东西，都得有自己的标签、号码、证书、登记在册的记录以及分类。未被分类的都是不正规、不可捉摸的，也是危险的。要是不拥有某个国家的护照、出生证明或国籍，一个人的存在就得不到承

---

1 出自《圣经旧约·约伯记》38:7。

2 怀特海（A.N.Whitehead，1861—1947），英国数学家、哲学家和教育理论家。

3 见怀特海著《科学与现代世界》（*Science and the Modern World*, Cambridge, 1933），p.249。——原文注

认。如果你不认同资本家，他们会说你是革命者，反之亦然。一个对两者都不赞同的人很快就会被认为是莫名其妙的。

对现代人来说，一种脱离了一切概念、信条、观点和理论的看待生活的方式是不可能存在的；如果有这种东西，它只能存在于傻瓜的空空如也的大脑里。人类对思想的分类法使得整个宇宙井然有序了，这是一个幻觉，它使我们痛苦；我们害怕，假如不竭尽全力坚持我们的分类法的话，一切就都会消散为一片混乱。

我们必须重申这一点：记忆、思想、语言和逻辑对人的生活至关重要，它们构成了一半的人类理智。然而一个只有一半理智的人或社会却是非理性的。不受文字的制约而看待生活，并不意味着失去了组织文字的能力——思考、回忆和做计划的能力。保持沉默不是要丢掉你的舌头。反之，只有通过沉默，一个人才能发现新的可以加以讨论的东西。一个从不停下来看和听的不间断地说话的人，不过是在令人厌烦地重复他自己。

思考也大致如此。思考实际上是默然不语的谈话，它自身并不能产生对任何新事物的发现，因为它的最新颖之处只是在于对旧有的文字和想法的重新整合。在历史上曾有过一个时期，语言经常性地被新的词汇所丰富。那是当人们仍像亚当所做的那样，在见到东西之后才为他们命名的那个时期。今天，几乎所有的新词语都是对旧词的重新排列，因为我们已不再创造性地思考了。我这么说，不是认为我们都应当搞出发明和革命性的发现，那是既能发现未知又能解释未知的人们的稀有能力。对大多数人来说，理智的另一半仅仅在于看到并享受未知，就像我们能够享受音乐，尽管我们不知道它是谁创作的，也不知道身体是如何能听见音乐的。

当然，革命性的思想者必须超越思维。他明白几乎所有最棒的想法都是在思考停止的时候出现的。他或许用极大的努力想要以既有的思维方式去搞懂问题，却发现这种解决方式是不可行的。可是当思维因精疲力竭而停下来以后，心就打开了，能够看到问题的本来面目——而不是只看到它在文字描述中的样子。马上，问题就变得能够理解了。

但是，超越思维的能力不是天才们所专有的。只要“人生的秘密不是一个有待解决的问题，而是一个等待被体验的现实”[1]，我们就都可能拥有这种能力。这种能力被赋予了很多人，以便他们成为先知者，但同时只有极少数人成了预言家。许多人都能聆听音乐，但是只有极少数人会演奏和创作音乐。可是假如你只是依据过去而听，那么你甚至连音乐都没法聆听。要是我们的耳朵只能辨别手鼓打

1 出自荷兰神智学会成员、作家里乌（Jacobus Johannes Leeuw, 1893—1934）的著作《征服幻象》（*The Conquest of Illusion*, 1928）。

出的节奏，我们又能从莫扎特的交响曲中听出什么呢？我们或许能够听到一些节奏，但几乎听不到任何和声跟旋律。这也就是说，我们就没办法发现音乐的一个基本元素。想要能够聆听——先不要说创作——这样一部交响乐，人们必须得发掘新的声响：琴弦的震颤声、空气在管子中的声音，还有被拨动的琴弦发出的嗡嗡声。他们得发现整个的音调世界，它跟节拍是完全不同的东西。

如果我只能感知到节拍，那我就没法欣赏音调。假如我只把绘画看作是一种不使用相机而制作彩色照片的方式，那么我便只能在一幅中国山水画中看到笨拙。因此，当未知的事物可以完全被过去的经验所解释时，我们就学不到什么有用的东西。要是能够根据我们已知的东西去理解一切事物，那我们也应该可以通过声音、味觉、触觉和嗅觉来向一个盲人传达颜色这个观念。

假如在不同门类的艺术和科学学科中这一点都是正确的，当我们想要在一个更为广阔的意义上理解生活并想对现实或上帝有所了解时，这一点更将是千真万确的。根据一个预先设想的关于上帝是什么的观念来寻找上帝，这绝对是荒唐的。像那样去做的话，我们只不过是去找我们已经知道的东西，这就是为什么我们可以那么容易地欺骗自己，使自己相信形形色色的“超自然”的体验和幻觉。信仰上帝并去找寻你所信仰的上帝，这无非是为自己的观点寻求一个肯定的承认。要求上帝的意志得到呈现，然后再根据你预想的道德标准去“测试”它，等于是嘲弄了你自己提出要求的行为，因为你已经知道答案。以这种方式来找寻上帝，跟要求在你无论如何都愿意相信的事物上盖一个代表了绝对权威和肯定性的图章，没什么两样。你想盖上这样一个图章，是由于你想获得一个保障，使未知和未来成为你想从过往中保存的事物的延续。这是“我”的一个更大更好的城堡，一个更坚固的城堡！[1]

如果我们只打算对与我们已知的东西相一致的那些发现保持开放，那我们还不如把自己封闭起来。这就是为什么科学和技术的非凡成果对我们没有什么真正的用处。除非我们懂得如何活在当下，否则即使我们能够预测并控制事件在未来的发展，也一点用都没有。医生们想办法延长我们的生命也是白费工夫——假如我们把这些多出来的时间用于为想要活得更长而焦虑的话。要是我们仅仅根据旧有的偏见去拣选和理解新的风景，那么工程师们也就不必徒劳地设计更快、更方便的旅行交通方式。如果我们只是想继续摧毁人群，那么我们对原子能的获取也是无益的。

只有当人处在能够觉察的状态下，上述的种种工具，

1 原文此处为德文：Ein feste Burg! 可能出自 16 世纪德国宗教改革家马丁 · 路德的赞美诗《上主是我坚固保障》(*Ein feste Burg ist unser Gott*)。

以及语言工具和思维工具，才能够对人起到真正的作用。能够觉察的状态指的是，没有在过去和未来的幻境中迷失，而又与所经验的那一个时间点有最近距离的接触，那一点就是当下的这一刻；在这里，现实能够被单独地发现。在这里，生活是活生生的、有生气的、生动的，以及正在发生的，它包含着我们几乎未曾开始探索的深度。可是要想意识到它并把它弄清楚，心绝对不能分裂成“我”和“这个经验”。这一刻必须得是它一直是的东西——你所是的全部以及你所知道的全部。在这座“房子”里，没有空间留给“你”和“我”。

第七章　人生的变革

舞蹈的含义和目的就是舞蹈本身，跟音乐一样，它是通过进行过程中的每一刻来实现的。你弹奏一支奏鸣曲，并不是为了到达最后一个和弦；假如事物的意义仅仅在于终结之处，那么作曲家只要创作终曲乐章就行了。

白人把自己幻想为想要“得到结果”的注重实际的人。他们对理论以及任何不能够马上涉及具体应用的讨论都没有耐心。这就是为什么西方文明的行为一般而言可以被描述为“无事生非”。“理论”的恰当含义不是无根据的推论，而是异象（vision）。《圣经》中肯定地说道：“没有异象，民就放肆。”[1]

但这个意义上的异象并非指的是梦和对未来的想象。它意味着按照生活的本来面目，按照我们是什么以及我们正在做什么，来理解生活。在不具备这种理解方式的情况下，谈论注重实际和得到结果简直是荒谬的。那就会像是在雾中匆忙奔走：你只是到处走动，不知道要去哪儿，也不知道你真正想得到什么结果。

对于那些以这种方式来思考的人来说，我们截至目前所讨论的东西可能看起来太理论化了。这些观点都非常之好，可是它们起作用吗？然而我必须要问：“你说的‘起作用’是什么意思？”判定一种哲学是否有用的通常方法，是看它能否让人变得更好更幸福，看它是否会带来平静、协同配合及称心如意。可是不借助“理论化”的理解的话，这便是毫无意义的标准。你说的幸福指的是什么？人为什么要变得“更好”？在什么事情上你会进行协作？你会拿平

1　出自《圣经旧约 · 箴言》29:18。

静和称心的顺境来做什么？

这些问题的答案完全取决于现在我们是什么，以及我们真正想要的是什么。举个例子，假如说我们想同时拥有平静和孤独、手足情谊和“我”的安全感、幸福和永恒，那么我们的欲望就是互相矛盾的。无论我们在获取它们的时候是如何地务实，结果都将是更进一步的矛盾。这还是那个关于蛋糕的老故事，你想占有蛋糕并吃掉它，唯一可能的结局是，你把它放进胃里并让它待在那儿，直到你发生了严重的消化不良。

如果我们一定得是民族主义者，并且拥有一个主权国家，我们就不能同时也希望世界上一定没有纷争。要是我们想以尽可能低的价格来获取一切，我们便无法期待得到可能范围之内的最佳质量，这二者之间的平衡便是平庸。假设我们把道德上的优越性作为目标，我们就不能避免自以为是。假如我们忠于对上帝的信仰，跟上述情形类似，我们就没办法有信仰。因为信仰不是紧抓住什么，而是放手。

当我们确定了什么是我们真正想要的东西，确实还是会存在许多可行性和技术性的问题，但是在我们对于自己想要什么下定决心以前，探讨这些问题是毫无必要的。相应地，只要我们的心是一分为二的，只要“我”和“经验”是两个事物，我们就没有可能下定决心。如果心是行为背后的指示性力量，那么在行为无可避免地变成冲突以前，心及其对生活的看法就必须被修正过来。

我们得讨论一下这个被修正过来的对生活的想象，它具有对生活的充分觉察，因为它包含着我们的世界观的深刻转变。在文字可以描述的范围内，这个转变在于懂得并感觉到世界是一个有机的统一体。

现在，我们以寻常的方式“知道”了这一点，这只是把它作为一个信息而已，我们并没有实际感觉到这是真的。大多数人都感到自己和围绕在自己身边的一切是分开的。一方面存在着我自己，另外一方面则是宇宙间其他的一切。我不是像一棵树一样地扎根于土地，我独立地跑来跑去。我看上去是一切的中心，但却孤立、孤单。我能感觉到我自己身体内部发生着什么，可是只能去猜别人的身体里在发生什么。我的有清醒意识的那颗心一定植根并起源于“人的存在”的最不可测的深度，然而感觉上，仿佛它独立地生存于这一又紧又小的头颅内。

尽管如此，物质层面的现实是，我的身体只相对于宇宙而存在，而且事实上，我就像树叶依附于一棵树那样依赖着宇宙。我感到孤立只是由于，我在自己内部是分裂的，因为我试图把自己与自己的感觉和知觉分割开来。因而我感觉到和知觉到的东西似乎都外在于我。不过在觉察到这种分裂的非现实性的时候，宇宙便不再显得外在于我了。

因为我就是我所了解的东西；我所知道的事物就是我。

对马路对面的一栋房子或对外太空的一颗星星的知觉，跟脚底的瘙痒感或者头脑里的一个想法一样，都是我。在另一个层面上，我也是我所不了解的东西。我不能把自己的大脑作为大脑而感知到。以同样的方式，如果不把街对面的房子看作我对它的知觉的话，我就感知不到它。意思是说，我把我的大脑作为思维和感受来认知，我把那座房子作为知觉来看待。正如我不把自己的大脑或对面的房子以自在之物来对待，在相同的意义上，我也不知道你脑子里的私人想法。

可是我的大脑——它也是我——和你的大脑及它内部的想法，以及街对面的房子，都是被称为“真实世界”的那个东西的表现形式。“真实世界”是一个难解难分地交织着的过程，不论我对它有清醒的意识还是没有意识，它就是全部的我。在这个意义上讲，太阳、空气和人类社会都跟我的大脑或肺脏一样对我如此至关重要。如果说这个大脑是我的大脑——尽管我对它毫无觉察，那么这颗太阳就是我的太阳，空气是我的空气，社会也是我的社会。

我当然没法命令太阳变成蛋形，也不能强迫你的大脑用另外的方式思考。我看不见太阳的内部，也无法分享你的私人感受。然而，我同样既不能改变我自己大脑的形状或结构，也没办法感知到它是一个形似菜花的装置。但如果我的大脑仍然是我，太阳就是我，空气就是我，而且你是其中一员的社会也还是我——因为对于我的存在来说，所有这些事物都跟我的大脑之于我的存在同样必要。

认为存在着独立于我的感知觉之外的一个太阳的看法，是一种推论。认为我虽然没法看到我的大脑，它却存在着，这同样是一个推论。我们只在理论的层面上了解这些事物，而不是通过直接的经验。但显而易见的是，这个布满了在理论上存在着的客体的“外部”世界跟由经验组成的“内部”世界类似，是一个统一体，我从经验中推断出了它的存在。由于经验是一个统一体——我便是我的感知觉——我就应该能推论出，这个理论上的宇宙也是一个统一体，我的身体跟世界共同构成了一个单一的过程。

现在有很多关于宇宙统一性的理论，可是他们都没有把人从自我中心所制造的隔绝状态中，从冲突中或从对生活的恐惧中解放出来。这是由于，推论和感受之间存在着天壤之别。你可以在并没有感觉到宇宙是个统一体的时候，推理出它是一个统一体。你可以建立一种理论，认为你的身体是某个连续不断的过程中的一种运动，这个过程包括了所有的太阳和恒星，然而你可能会继续感到孤立和孤独。因为在你发现内部经验的统一性之前，你的感受不会呼应理论。尽管有着种种理论，只要你在内部是分裂的，你就会觉得自己被从生活中隔绝了出来。

可是当你认识到，比如说，你并不拥有一个对天空的知觉，你就是那个知觉，在这个时候，你便会停止感到孤立。不论带有什么目的去感受，你对天空的知觉都是天空，在你所知觉到、感受到及认识到的事物之外，并不存在着“你”。这就是为什么神秘主义者以及许多诗人经常会表达他们“与万物一体”或“与上帝合一”的感受，或者像埃德温·阿诺德爵士这样表达：

先前提到的自己，宇宙生长出了我。[1]

只要诗人的举止检点、规范，他就能“与大自然一体”——有时候，这种感觉确实纯粹是一种故作多情。

我已经和周遭的大自然连在一起，
我好像已经不再是原来的自我；
在喧嚣的城市里，我总觉得厌腻，
高山却始终会使我感到兴奋快活；
大自然的一切都不会令人厌恶，
只怨难以摆脱这讨厌的臭皮囊，

1 埃德温·阿诺德爵士（Sir Edwin Arnold，1832—1904），英国诗人，以著名叙事诗《亚洲之光》(*The Light of Asia*)描写了释迦牟尼佛的生平。此处的引文即出自该诗。

它把我列进了那芸芸众生的队伍，
虽然我的灵魂却能够悠然飞翔，
自由地融入天空、山峰、星辰和起伏的海洋。[1]

来自拜伦的这种对田园生活的狂喜其实相当不着边际。他只能在与自己的人性为友的范围内接受自然。苍蝇喜爱蜂蜜的甜度，却不喜欢它的黏性，这使得它：

难以摆脱这讨厌的臭皮囊，
它把我列进了那芸芸众生的队伍。

多情的人们没有到自然界的深处去仔细考察并看到：

懒惰的生物在悬空着寻求食物，或者缓慢地贴着海底爬行，
……
目如铅丸的鲨鱼、海象、海龟、多毛的海豹和魟鱼，

1 出自 19 世纪英国浪漫主义诗人拜伦（George Gordon Byron，1788—1824）的长篇叙事诗《恰尔德·哈洛尔德游记》(*Childe Harold's Pilgrimage*）的第三章第七十二节。此处引文采用的翻译来自《恰尔德·哈洛尔德游记》，杨熙龄译，上海译文出版社，1990 年第一版，第 165 页。

那里有火热的情感、战争、追逐、不同部族、
海洋深处的奇观，
许多生物在呼吸着那浓浊的空气。[1]

人得要发现，他在自然界中看到的一切——海洋深处充满陌生感的湿冷世界、无用的冰块、沼泽地里的爬行动物、蜘蛛和蝎子、没有生命的植物组成的荒野——都在他自身内部有着对应物。因此，直到他认识到自然界的“底部”以及它给自己带来的恐怖的感受也都是“我”时，他才真正与自己是一体的。

这个世界上一切令我们赞赏或厌恶的特质，都是我们内在的反映，尽管这个内在也是一个远方，是一个无意识的、广大的未知。我们对蜂巢和蛇坑中爬行世界的感受，就是我们对自己身体和头脑隐蔽的那一面的感受，这种感受也关于我们自己身体和头脑上可能出现的所有令我们感到陌生的蠕动和寒战，关于不堪入目的疾病，关于难以想象的痛苦。

我不知道这是不是真的，但据说一些伟大的智者和

1 出自19世纪美国著名诗人沃尔特·惠特曼（Walt Whitman,1819—1892）的《海底世界》(“The World Below the Brine”）一诗。此处引文采用的翻译来自《草叶集》(*Leaves of Grass*)，赵萝蕤译，上海译文出版社，1991年第一版，第434页。

“圣人”在面对于凡人有害的恶兽和爬行动物[1]的时候，拥有显然是超自然的力量。假如这是真的，这一定是因为他们能够跟他们内心的“恶兽和爬行动物”和平共处。他们无须把野象称为“贝希摩斯”或将海怪称作“利未安森”[2]，他们熟悉地把它们叫作“长鼻子”和“泥滑的家伙”[3]。

但是，与“整体”(All)的统一感却并不是一种心灵的朦胧状态，一种在其中一切的形式和差异都被废除的出神和恍惚，就仿佛人和宇宙融合成了一层发光的淡淡的薄雾。跟过程和形式一样，能量和物质、自我和经验也都是同一种事物的不同名称，或是看待同样事物的不同方式。因此，一与多、统一性与多重性、同一性与差异性，并非是相互排斥的对立面：它们就是彼此，这就好像身体就是它的各个器官一样。发现多就是一、一就是多，即是认识到二者都是文字和声音，它们所表征的那个东西对官能感受来说是即刻就能显见的，而对逻辑和文字描述来说则是个谜。

1 此处“爬行动物”的原文是 reptiles，指后文提到的“利未安森”，但作者在这里使用的是双关语，reptile 亦指“卑鄙的人”。

2 “贝希摩斯”和“利未安森”原文分别为 Behemoth 和 Leviathan，均是《圣经旧约·约伯记》中出现过的怪兽。贝希摩斯形体近似于象，利未安森近似于巨鳄。

3 “长鼻子”和“泥滑的家伙”在此都有绰号的意味。前者亦指说谎的人；后者原文为 slimy，还有“谄媚者”的意思。在原文中可以清楚地看到作者的双关用意。

一个追求精神领域智慧的年轻人到一位有名的智者处参学，智者让他做自己的私人侍从。几个月之后，年轻人抱怨说迄今为止他还从未得到过任何教诲。“你这是什么意思！”智者叫道，“你把我的饭端过来时，难道我没有吃吗？当你为我奉茶的时候，难道我没喝下去吗？你对我行礼时，我没有还礼吗？我什么时候没有给过你教诲呢？”年轻人大惑不解地说：“我怕是没听懂您的话。”“当你想仔细察看的时候，”智者答道，“径直去看。一旦你开始思考它，它便全然消失不见了。”[1]

采菊东篱下，悠然见南山。
山气日夕佳，飞鸟相与还。
此中有真意，欲辨已忘言。[2]

这首诗的含义，不是那种为中国古代诗人所热爱的冥思、朦胧的氛围，甚而也不是浮于表面的田园诗般的氛围。这种氛围已经表达了出来，诗人并未做多余的修饰。他没有像众多的西方诗人那样在诗中变成哲学家，没有说他与

1 禅宗中有不止一个公案故事跟这里讲的道理类似，比如唐代禅师大珠慧海的“饥来吃饭困来眠”和南泉普愿禅师的“平常心是道”。

2 出自东晋诗人陶渊明（约 365—427）《饮酒》组诗中的第五首。

花、篱墙、山和飞鸟成为了“一体”。然而这位诗人的做法，其实也是在进行冗余的修饰，或者用中国的成语来说，叫作“画蛇添足”。因为当你真的懂得了你就是你所看见的和知道的，你不会跑到乡下，逛来荡去地想着：我就是这一切。存在着的只有“这一切”。

我们与世界面对面，与它隔开、分离的这种感觉，对我们的思维和行动都有着最为巨大的影响。比如说，哲学家们经常意识不到，他们对宇宙的评论也适用于他们自己和他们的评语。如果宇宙毫无意义，那么关于这一点的陈述也一样毫无意义。假如世界是一个可怕的陷阱，那么指责它是陷阱的人也同样邪恶，这就是五十步笑百步。

在最严格的意义上，我们根本无法真正地思考人生和现实，因为这必然要包括关于思考的思考、对关于思考的思考的思考，然后这样无休无止。在假设一个人百分之百地跟宇宙分离的基础上，他才能够试着获得一种理性的、描述性的宇宙哲学。可要是你跟你的想法都是这个宇宙的一部分，你就没法站在外部描述你的看法。这就是为什么一切哲学和神学体系最终都必然会分崩离析。想要“了解”现实，你不能站在它的外面，也不能定义它；你必须进入它、成为它、感受它。

我们在西方传统里所知道的那种思辨哲学（speculative philosophy），几乎彻头彻尾地象征了分裂的心，象征了人试图站在自己和自身经验的外部来描述和定义它们。跟分裂的心所企图做到的其他一切事情一样，这也是一个恶性循环。

在另外一方面，认识到心实际上是统一、完整的，必然会对思维和行动产生相应的深远影响。诚如我们所见，在哲学家试图站在自己和自己思维的外面时，普通人也想要站在自己和自己情绪、知觉、感受以及欲望的外面。造成的结果是荒谬的困惑和受到误导的行为，它必须由对心的统一性的发现来终结。

只要心是分裂的，生活就是不间断的冲突、焦虑、沮丧和幻灭。痛苦、恐惧和厌倦感层层堆积。苍蝇越是挣扎着想要摆脱蜂蜜，就陷入得越快。在这么多徒劳无益的重负的压力之下，难怪人们会在暴力和官能主义中，在对身体、对食欲、对物质世界和其他人的无所顾忌的掠夺中，寻求释放感。这在已有的必要且无可避免的生存之痛中又增加了多少痛苦，是没有办法估算的。

但是完整而统一的心不受这种紧张感——总是想要站在自身之外以及想要去别处而不是待在这里、待在此刻——的束缚。每个时刻都被充分地度过了，由此产生了一种满足感和完整感。而分裂的心来到餐桌边，这里尝一点儿、那边吃一下，为了找到比上一盘更好吃的菜，什么食物都来不及消化就匆忙到处伸筷子。它无法找到好吃的东西，因为它什么都没真正品尝到。

另一方面，当你意识到你活在当下，并且你就是这一时刻而不是别的，意识到除此之外没有过去也没有未来，你一定会放松下来，并会体验到它到底是欢愉还是痛苦。宇宙为什么存在，为什么产生了有意识的生灵、敏感的器官、空间、时间以及变化——这些问题的答案马上就变得不言自明了。想要证明大自然的存在有其道理，试图依据未来而使生活变得有意义，以上这些难题也会彻底消失。显而易见的是，这些都是同时发生在这一时刻的。这是一场舞蹈，而当你跳舞的时候，你并不打算到达什么地方。你转来转去，但并不存有你正在追寻某种东西或正从地狱的门口逃开的幻想。

太阳系里的行星已绕着太阳运转了多久？它们要去往什么地方吗？它们是否为了要到达某处而转得越来越快？春天多久来地球上一次？它是否一年比一年来得更快、更美妙，以使自己比上一个春天更好，并匆忙着想要成为压过其他春天的春天？

舞蹈的含义和目的就是舞蹈本身，跟音乐一样，它是通过进行过程中的每一刻来实现的。你弹奏一支奏鸣曲，并不是为了到达最后一个和弦；假如事物的意义仅仅在于终结之处，那么作曲家只要创作终曲乐章就行了。但是我们也有可能会顺便观察到，那些尤其带有我们文化特征的音乐，在某些方面是渐进的，而且有的时候听起来是在明确地走向一个高潮。可当它到了那儿时，它不知道该拿自己怎么办。贝多芬、勃拉姆斯和瓦格纳都尤其擅长逐步建立起庞大的高潮和终曲，然后再以相同的和弦反复地轰炸听觉，通过不舍得离开那一刻而毁掉那一刻。

当每一刻都成了一种预期，人生就被剥夺了满足感，而死亡也会变得令人恐惧，因为死亡看起来就是对未来的期待必须终结的地方。有生命就有希望，而要是人活在希望中，死亡便确实会是一个终结。但对统一的心而言，死亡是另一个时刻，跟每个其他的时刻一样完整，除非充分地活在那个当下，否则它就不可能交出它的秘密——

尚怀一念赴九泉。[1]

死亡是这一真相的缩影：每一刻，我们都在被塞入未知之中。在此，对安全感的所有执着都会被迫停止。无论我们是在何处抛掉过去、放弃安全感，生活都将在那里重新开始。死亡是这样的一种未知：我们所有人在出生以前，就都已经在那儿生活过了。

没有什么比死亡更富于创造性了，因为它是生命的整

1　出自英国作家罗伯特·路易斯·史蒂文森的墓志铭，详见第四章第61页注释。

个秘密。它意味着过去必须被抛弃、未知不可避免、“我”无法持续，以及没有什么能够被归根结底地固定下来。当一个人懂得了这些，他才在他的人生中第一次开始生活。屏住呼吸，他会失去它；放手让它走，他才能找到它：

> 只要你不了解如何死去、如何复生，
> 你就不过是这个黑暗地球上的
> 一个可怜的旅行者。[1]

---

1 出自德国著名诗人歌德的《西东合集》(*West-stlicher Divan*)，此处原文为德文。

第八章　创新的道德

每个人都有爱，可是只有当他心悦诚服地接受了“爱自己”的不可能性和必然会由其导致的挫败感，他的爱才能够流露出来。这个信念是不会经由谴责、通过痛恨自己、通过说“自我之爱”的坏话而建立的，它的形成只能通过觉察到这一点：我们并没有一个可供被爱的自我。

谈论具有创新性的道德或许是一个自相矛盾的说法。因为“道德”源于一个意味着习俗、惯例，以及通过规则来规约生活的词语。但道德在人的关系中也表达着爱的功用，在这个意义上，我们可以谈论创新的道德。圣奥古斯丁这样描述道：“爱吧，按你的意愿去爱吧。”然而问题始终是，如何去爱你所不喜欢的事物。

假如道德是关于如何生活在一起的艺术，那么很显然，规则，或更确切地说，技术，在其中占有一席之地。因为一个群体的问题有很多都是技术性的问题：财富分配及人口分布，自然资源的合理规划，家庭生活的组织，对病残人士的看护，以及对个体差异的和谐调整。

因而，道德家就是人们因这些问题而向其寻求咨询的技术人员，就好像一个人为了造房子向建筑师咨询，或为了架桥而向工程师咨询。跟医药、制鞋、烹饪、裁缝、耕种一样，居住在一起也要求有特定的“知道怎么去做”的知识。这需要获取并使用特定的技能。

但是在现实中，道德家远远不止是一个技术上的咨询师。他成了一个骂人的人。在他的讲台上或他的书房里，他进行着关于人类的高谈阔论，进行赞扬和指责——大多是指责——就好像一条龙在从嘴里往外喷火。那些没有听取他建议的人问他，在这样或那样的条件下，怎样做是最好的，他告诉了他们。这些人似乎认同了他的正确性，但走掉以后却做了一些不同的事，因为他们发现他的意见太难以付诸实践，或是他们有强烈的愿望想要反其道而行。这种情况发生得太频繁了，以至于道德家发了火，开始说这些人的坏话。当这样做没有效果的时候，他便会诉诸身体的暴力，借由警察、刑罚和监狱来实施他的意见。群体就是它自身的道德家，它选出并付钱给法官、警察和布道者，像是在说："在我难搞的时候，请来踢我一脚。"

乍看上去，问题似乎可以被归结成这样一点：道德准则的存在是为了避免快乐和痛苦被不公正地分配。这就是说，某些个体必然比其他人得到了较少的快乐、较多的痛苦。通常看来，这些个体只有在如果他们不合作就会受到更多痛苦的威胁下时，才会屈从于牺牲。这种理念建立在如下假设之上：每个人都为自己而活，只在明显符合自己利益的范围内关注群体的利益。

从这一点出发，道德家们发展了他们的理论，认为人从根本上来说是自私的，或者说人先天就倾向于邪恶。"自然人"为了一个动机而活：保护他的身体不受痛苦侵袭，并使身体和愉悦相联。因为他只能用自己的身体去感觉，所以他对其他人的身体感受没有兴趣。因此，只有在奖励或惩罚的刺激下——也就是说，在以群体利益的名义剥夺他的个人利益时——他才会对其他人的身体发生兴趣。

值得高兴的是，问题并非这么简单。跟其他人的关系也位列给人带来愉悦的事物之中，比如交谈、共餐、唱歌、跳舞、生育孩子以及在工作中合作——所谓“众人拾柴火焰高”。的确，人最大的快乐之一就是或多或少地对自己的存在没有意识，全神贯注于有意思的景象、声音、地点和人。反之，人最大的痛苦之一则是有自我意识，感觉到自己未能融入群体且隔绝于周遭的世界。

可是，当我们根据快乐 - 痛苦动机（pleasure-pain motivation）或依据任何动机来考虑问题的时候，对整个问题都不会有解决办法。正因为人有其他群居动物所没有的道德问题，他才这么关心动机。假如人真的必定要受快乐 - 痛苦原则的驱动，谈论人类的行为便毫无意义了。因为受驱动的行为也就是被决定的行为，它将自行发生，不管人们说什么。除非人有获得自由的可能性，否则他不可能拥有创新的道德。

这就是道德家出错的地方。假如他们想让人改变生活方式，他们就必须假设人是自由的，因为如果人不自由，在世间动怒和抗议就不会有任何作用。另一方面，一个因对道德家的威胁感到恐惧或被自己的希翼所激励而采取行动的人，并不是在采取自由的行动。如果人不自由，威胁和希翼可能会调整他的行为，但它们不能在任何本质性的方面改变行为。而如果人是自由的，威胁和希翼则不会令他使用他的自由。

分裂的心永远都领悟不了自由的含义。要是我感到自己独立于自己的经验和这个世界之外，自由便会看起来像是我能在其中摆布世界的一个范围，而命运就是世界可以在其中摆布我的那个范围。可是对统一的心来说，不存在一个“我”跟世界之间的对比关系。只有一个过程在进行中，而且它完成了所有发生的事，它既使我的小指抬起，也引发了地震。或者，假如你想这么说的话，也可以说是我抬起了我的小指并且我也使地震发生了。没有命运的制定者，也没有受命运支配者。

当然，这是对于自由的一种奇特的观点。我们已经习惯于认为，假如自由存在的话，它并不位于自然之中，而是存在于独立的人类意志及其制造出来的选择权之中。

然而我们平常以选择来表达的意思不是自由。选择通常是在快乐和痛苦的驱使下做出的决定，分裂之心唯一的行为目的就是使“我”获得快乐、摆脱痛苦。但是最美好的愉悦是我们计划之外的那些，而痛苦的最坏部分则是预料到它会发生并在它到来时逃离它。你没法计划你的快乐。你可以计划着你的生存，可是“存在”和“不存在”这两种状态，在它们自己的内部是既不愉快也不痛苦的。甚至曾有医生向我保证，在一些情况之下，死亡可以是一种极其令人愉悦的体验。

不自由的感觉来源于想要做不可能甚至毫无意义的事。

你并不拥有画出一个方的圆圈的“自由”、无头而活的“自由”或阻止特定的反射动作发生的“自由”。它们不是自由的障碍，而是自由的条件。如果一个圆圈或许应当变成方形的，那么我没有办法自由地画出它。而且谢谢老天爷，我无法自由地走出门去却把我的头留在家里。类似地，除了此时此刻，我不能自由地生存在任一时刻，或者把我自己从我感觉到的东西中分离出来。总而言之，当我试图做自相矛盾的事情时，我是不自由的，例如在不改变位置的条件下移动，或是在感觉不到疼痛的情况下烧到自己的手指。

换言之，在做任何不自相矛盾的事情时，我是自由的，世界的运行也是自由的。那么问题便产生了：不以快乐作为最终目标而行动或做决定是一个矛盾吗？是不可能的吗？认为我们必然会做带给我们更多快乐或更少痛苦的事情的那种理论，是建立在言语的混沌之上的一个无意义的论断。说我决定做某事是因为它让我高兴，只不过是说，我决定做这件事是因为我决定去做。假如“愉快”最初被定义为“我偏爱的”，那么我所偏爱的东西就将始终令人愉快。要是我偏爱疼痛——像受虐狂那样——那么疼痛就会是愉悦的。简而言之，借由宣称“愉快意味着我们所渴望的东西”——因此，我们所欲求得到的任何事物都是赏心乐事——这套理论在一开始的时候便回避了问题。

但是当我试着为了变得快乐而行动和做决定时，当我把“感到愉快”作为未来的目标时，我就笔直地落入了矛盾之中。我的行为越是朝着未来的欢乐，我就越无法享受任何快乐。因为一切快乐都是当下的，除了完整地觉察到当下以外，没有什么能对未来的欢乐提供哪怕一点点保障。为了明天能吃到饭，为了下周去登山旅行，我可以采取一些行动，可是实际上没有什么方法能确保这些事会使我快乐。反之，没有任何事情能像在欢乐时光之中观察你自己，看看它是否能让你高兴那样，极大程度地破坏“快乐”，这是普遍的经验。你一次只能活在一个时刻当中，你没办法同时想着“我在听海浪的声音”以及“我是否喜欢听海浪声”。这种矛盾的行为才是真正无自由的那种行为。

还有一种决定论，它宣称我们的所有行为都是由“无意识的精神机制”驱动的，并认为由于这个原因，即使那些最自发的决定也不是自由的。这只是分裂的心这一现象的另一个例子，因为无论有意识还是无意识，“我”与“精神机制”有何不同？在这些过程中，谁的位置被改变了？任何人都因受到驱力而行动的说法，来自于“我”这一固执的幻象。真正的人——相对于宇宙而存在着的机体——就是这个无意识的动机。而且因为他就是动机，他并非为它所左右。换句话说，动机也不是什么动机，它就是行动。此外，不存在与意识不同的“无意识”的心，因为所谓

“无意识”的心也是有意识的，尽管它意识不到它自己；就好像眼睛能够看却看不到它们自己一样。

还剩下一种猜想，认为人和宇宙间的整个活动、整个行为进程，都是一系列已被决定了的事件，而每一个事件都是由过去的原因所导致的不可避免的结果。

我们不可能无穷无尽地深入这个问题，甚至也不可能足够地深入它。目前这是科学界最大的“悬而未决的问题”之一，离解决之时还很遥远，认识到这一点或许就足够了。认为过去决定了当下，这种看法可能是语言的一种错觉。由于我们必须根据过去来描述现在，看起来就会像是过去“解释”了现在。为了说清某事是“如何”发生的，我们描述一系列事件——某事是其中的一部分。

瓶子打碎了。它落在地板上。我松了手。我的手指滑滑的。我的手上有肥皂。把“因为”这个词放在这些陈述句中间合理不合理呢？我们习以为常地这样做，因为我们能够万无一失地确定，假如我松开拿着瓶子的手，瓶子就会掉落在地板上。可是这并不能证明是我造成了它的掉落，也证明不了它一定会掉下来。事件都是在回溯过程中才变得像是必然的，这是因为当它们已经发生了，便没有什么能再令它们改变。然而我能够做出万无一失的猜测的这个事实，同样能很好地证明，事情不是被决定了的，而是具有一致性的。也就是说，在每时每刻，宇宙进程都自由而自发地行动，但它倾向于按照有规律也因而可预测的顺序来抛出事件。

不论上述问题最终被怎样裁决，统一的心无疑都拥有自由之感，并肯定会给道德领域带来一种充满自由行为和创新行为的生活方式。

很容易就可以看到，大多数在传统道德准则中被认定为邪恶的那些行为，都可以寻根溯源至分裂的心。目前这些行为中的大多数，都源于扩张的欲望，对那些于身心健康——如果同意“健康”是一个相对概念的话——甚至连最小的必要性都没有的事物的欲望。这些稀奇古怪、无可餍足的欲望的产生，是由于人在剥削自己的渴望，用以给“我”造成一种安全感。

我感到忧闷，想要使“我”出离这种低落的情绪。低落的反面是情绪的高涨，但因为低落并非高涨，我无法强迫自己欢欣鼓舞起来。可是，我可以喝醉。醉酒使我的情绪很好地被提了起来，因此当忧闷的情绪下一次出现的时候，我就有了一个快速的解决办法。我没有消化掉低落的状态，也没有排除掉它的有害成分，因此接踵而至的低落情绪就会变得更深更黑暗。所以我需要喝得更醉，以此来淹没有害的情绪。很快我便会开始恨自己为什么要喝得那么醉，而这让我更加忧闷——这个循环会继续下去。

或许我有一个大家庭，住在一个靠贷款买下来的房子里，在这个房子的首付款上，我已经花掉了所有的积蓄。为了付每个月的账单，我必须努力干一份我不是特别感兴趣的工作。我不介意这么辛苦地工作，但我总是会想，假如我生病了或是战争爆发而我被征召入伍了，接下来会发生什么？我宁愿不去想这些事，所以我想要使“我”从这种担心当中脱离出来，因为我确信，要是生活这样继续的话，我将会病倒。可是停止担心实在是太难了，而且当这一点使得生病变得更加不可避免的时候，忧虑也就加深了。我必须缓解这种情况，因而我在绝望中开始“赌马”，希冀着我的马会赢，试图以这种希望来抵消我的焦虑。而这种情况会周而复始地继续下去。

传统的道德家对这些问题毫无贡献。他能够指出酗酒和赌博的可怕后果，但那只不过给低落情绪和忧虑添加了燃料。为那些被耐心地忍受了的痛苦，他可以承诺会在天堂里获得奖赏，可那也是某种形式的赌博。他还可以将忧闷或焦虑归结为社会体系导致的问题，并鼓励不幸的人们加入革命。

简而言之，道德家既能恐吓这个“我”，也可能会鼓励它。在前者的情况下道德家让个体从自身那里逃开，在后者的情况下，道德家令个体去追逐自己。他可以为美德画出光彩夺目的画像，鼓励他人在伟人的例子中找到力量。他可以成功地唤起最蓬勃的努力，使人们模仿圣徒的行为、抑制热情，以及在行为中实施约束和仁慈。然而这些都无法使人自由，因为在所有这些模仿行为及纪律背后，都还有动机的存在。

假如我感到恐惧，那么由于我害怕恐惧，我勇敢地感受和行动的能力就被恐惧拿走了，这也就是说，从我所是的这种东西身边逃开的这些努力，是在圈子里打转。在圣徒和英雄的榜样边上，我为我自己什么都不是而感到惭愧，出于受伤的自尊，我开始变得谦卑，并因出于对自己的爱而变得仁慈。推动力一直都是要让“我”成为什么。我必须正确、善良、真诚、英勇、有爱心和谦逊。我使自己不引人注目，以便坚持自己的主张；我放弃自己，以保证自己的利益。整件事就是一个矛盾。

基督徒的心总是萦绕在这种感觉中：圣徒的罪比罪人的罪过更有罪，而在某种神秘的意义上，挣扎着想要得到拯救的人比寡廉鲜耻的娼妓或盗贼离地狱和罪恶的中心更近。大家都承认的是，恶魔也是一位堕落的天使，作为纯精神性的存在，他对肉体上的罪恶没有兴趣。驱使着恶魔之心的罪恶是这样一些错综复杂的东西：精神上的自豪感、自我欺骗构成的迷宫，以及对伪善的微妙嘲弄。这里说的伪善指的是在一副面具后总是存在着另一副面具，真实完全消失了。

即将成为圣徒的人直接就走到这个网似的陷阱中来，

因为他将要成为圣徒。他的“我”在一种满足感中找到了最深层次的安全感，这种满足感因为聪明地藏了起来而变得更为强烈，它来自于为自己的罪恶所感到的痛悔，也来自于为这痛悔感到骄傲而导致的悔悟。在这样一个复杂的恶性循环中，面具后的面具是无穷的。或是换句话来说，想站在自己的外部踢自己一脚的人，必须能踢到那个站在外面的自己。这个推论可以无限继续下去。

只要存在着想成为什么的动机，只要心确信有从它此刻所是的那个东西那儿逃离的可能性，就不可能有自由。美德和罪恶会因完全相同的理由而被人追求，好和恶也会像同一个圆圈的相反两极那样来回交替。那些看似通过精神上的暴力克服了自我之爱的“圣徒”，只不过掩盖了他们的自私之爱。他们表面上的成功使别人相信他们找到了“真道”。那些人循着他们的先例，时间久到足够圆圈的两极交换了位置，到了不可避免地要向禁欲主义颁发许可证的时候了。

当然，承认我就是我所是的，承认逃离或分裂均不可能，这听上去像是最可怜的宿命论。看起来，如果我就是恐惧，那么我就会“受困”于害怕的心理。然而事实上，只有在我想要摆脱恐惧的时候，我才把自己拴在了恐惧上。反之，当我并不试图逃离它时，我发现在当下的现实中，没有什么“受困”或被固定了下来。当我在不给这种感受命名——不把它叫作“害怕”“糟糕”“负面”等——的时候觉察到它，它立刻就变成了另外的东西，而生活便自由地向前推进。感受不再借由创造出一个感受背后的感受者来使它自己持续。

现在我们或许能看到，统一的心为什么不会从那些我们通常看作是“不幸”的时刻中逃离。更进一步的事实说明了那种往常被称为“爱”的状态：统一的心把经验作为一个统一体来觉察，以世界本来的面目来认知世界，而且心与觉察力的整个性质就是跟它所认识到的东西成为一体。那种爱——它在有创新性的行为中表达它自己——有着比情感多得多的内容。它不是你能够“感觉”并“知道”、记住并定义的东西。爱是使世界成为一个总体、使散沙般的人们成为一个群落的组织性及统一性原则。它正是心的本质及特性，而且当心是一个整体的时候，它便在行为中得到了显现。

这是由于，心必然会对某些事物感兴趣、被它们所吸引，就好像一面镜子必须一直反映出某些东西。当心不想要对自身发生兴趣——就如一面镜子并不映照出它自己——的时候，它必定会对其他的人和事物感兴趣、受到它们的吸引。关于如何去爱，并不存在着问题。我们都会爱。我们就是爱，唯一的问题是爱给出时的方向：它是如日光般直射出去，还是想要像“罩子下的烛光”一样返回到自己身上。

从自私的爱这个怪圈中解放出来以后，我们的心便被整个宇宙吸收进了自身的统一体中，正如一颗露珠看上去包含了整片天空一样。这——而非任何情绪、感情——才是自由行动与具有创新性的道德的力量和原则。在另一方面，建立在奖赏与惩罚——即使它们像罪恶感导致的痛苦以及自尊带来的快乐那样是无形的——之上的，以规章和制度为原则的道德，跟自由行动无关。它是通过对奴隶的幻觉进行“仁慈的利用”来统治奴隶的一种手段，不论我们在这条路上走了多远，它也永远不可能通向自由。

当创新行为要发生时，为了使自己显得正确或善良而谈论我们应当做什么、不应当做什么，就会相当离题。一颗单一并坦诚的心对善良，对为了按规章生活而与其他人产生关系是不感兴趣的。在另一面，它对自由，对为了证明它的独立性而任性地做事也没有什么兴趣。它的兴趣点不在自身，而是在它所觉察到的人和问题上——这些才是“它自己”。它不依据规章行事，却依照此时此刻的环境行动；它对他人的美好祝愿不是安全感，而是自由。

其实，没有什么东西比建立在刻板规范上的人际关系更不人道了。当一个男人为了显示仁慈而给别人面包，为了表示忠诚而与一个女人生活在一起，为了表现得没有偏见而和黑人共餐，为了内心的平和而拒绝杀人，这个人实际上冷漠得像一只将自己包裹起来的蚌蛤。他看不到任何其他的人，而他从怜悯中生发出来的仁慈比他本人的冷漠好不到哪儿去，因为这种仁慈是由于觉得苦难的景象令人恶心才去想法子消除苦难的。

然而没有一个处方可以制造出真正的爱的温暖，它是不能被复制出来的。你没法说服你自己你已拥有了它，也不可能通过勉力绷紧情绪或通过把自己庄严地奉献给为人类服务的事业而唤起它。每个人都有爱，可是只有当他心悦诚服地接受了“爱自己”的不可能性和必然会由其导致的挫败感，他的爱才能够流露出来。这个信念是不会经由谴责、通过痛恨自己、通过说“自我之爱”的坏话而建立的，它的形成只能通过觉察到这一点：我们并没有一个可供被爱的自我。

第九章　回顾宗教

开放的心懂得，曾被最详尽地探究过的领域实际上也没有完全被了解，只不过是千万次地被测量过和做上记号。我们测量和标记的到底是什么？这个引人入胜的谜团最终势必会通过捉弄我们而使我们离开原有的思维，直到心忘了再去兜着圈子追究它自己的运作过程，直到心变得能够觉察到，在这一时刻，存在就是不折不扣的奇迹。

在本书开篇的部分，我们假定科学及科学哲学并未给宗教信仰提供土壤。我们没有证明这一点，但却把它作为了我们的出发点。我们采纳了这个通行的观点，认为上帝、任何绝对的事物，以及一个超越于这个世界的永恒秩序的存在，是缺乏逻辑上的支持和没有意义的。我们接受了这种看法：认为上述这些事物存在着的那些观念，它们对科学上的预测毫无价值，而且一切已知的事件都可以不依赖于它们而被解释得更为简单。与此同时我们说过，宗教没有必要反对这种看法，因为几乎所有的精神传统都承认，在人类的发展过程中，会出现人的信念——相对于信仰而言——以及对信念的担保都不得不被抛在后面的这么一个阶段。

到目前为止，我觉得我们没有宣扬过任何无法被实验证明的事物，也没有主张过任何跟世界上的科学观点有严重冲突的东西。可是我们现在到了一个位置，在此，宗教与传统形而上学的最主要的观点可以再一次地变得易于理解和有意义——不是作为信念，而是作为经验的有效符号。

科学和宗教谈论的是同一个宇宙，但它们使用的是不同类型的语言。一般来说，科学使用的陈述都是关于过去和未来的。科学家描述事件。通过给我们提供一个关于发生了什么的详尽报告，他告诉我们事情是“怎么”发生的。科学家发现，事件是以不同的频率和顺序发生的，在此基础上，他提出猜测或预测，根据他的预测，我们得以对事件的进程做出符合实际的安排及改变。为了做出这些猜测，科学家不需要了解上帝或永恒的生命。他只需要知道过去——那些已经发生了的事情。

在另外一面，宗教的宣言和声明一定得跟当下有关。可是宗教徒和科学界的人们都有这个印象：宗教更为关心过去和将来。这是一个自然而然的误解，因为宗教似乎要对这个世界的起源以及它将如何终结提出看法。人们一直将宗教和预言联系在一起，后者当然跟做预测是同一回事。宗教宣称世界是由上帝创造的，并说上帝造出世界是为了一个将在遥远的未来——在世界的未来岁月中——实现的目的。而且它还宣称人拥有永恒的灵魂，预言说灵魂将在肉身死亡之后仍然存在，并将永久地生活下去。

因而，科学家的看法似乎是合理的，他认为这些预测不能够被证实，认为这些预测被做出时，几乎没有拿已知的过去所发生的事件作为参考。当科学家想要探寻做出这些预测所依凭的东西的时候，他发现它们是情绪化的而并非理性的。宗教徒希望或相信这些事物是真实的。

尽管如此，在每一种重要宗教的历史上，都出现过以相当不同的方式去理解宗教思想和观念的人。总的来说，这一点在东方比在西方更正确，尽管基督教的历史包含了一个长长的名单，上面的男人和女人有可能与正统的印度教徒和佛教徒持相同的观点。

从这一更深入的角度来看，我们认为，宗教并非一个预测系统。它的教义与未来和持久的事物无关，却跟眼前和永恒性有关。这些教义不是一套信念和希望，而相反地，是一套关于当下体验的形象的符号。

传统地讲，这些符号分为两种。一种采取具体化的形象和故事的形式来描述宗教是如何理解当下的。另一种符号用类似于学院哲学的抽象、消极的语言来描述它。为了叙述上的方便，我们可以把前者称为“宗教符号”，把后者叫作“形而上学符号”。但是我们必须记住，这个意义上的“形而上学”不是思辨哲学，它不是要试图对科学做出预测，对宇宙及其起源给出富有逻辑性的描述。它是表明有关当下的知识的一种方式。宗教符号是基督教、伊斯兰教和犹太教所特有的，而东方宗教的教义则更像是形而上学符号。

我们说过，科学和宗教都在谈论同一个世界，在这本书里，从始至终我们除了日常生活以外什么也不关心，我们关注的是能够被看见、感觉到和体验到的事物。因而，宗教批评家们应当会批评我们把宗教降格为“自然主义”，批评我们把上帝和自然联系了起来，以及批评我们通过拿走宗教的“本质性的超自然的内容”来嘲弄和歪曲宗教。

可是当你去问神学家，他们所说的“超自然”是什么意思，他们马上便会突然开始使用科学性的语言。他们谈论一位拥有“区别于这个宇宙的实在的现实”的上帝，并且他们是依据过去的历史和对未来的预测来谈及上帝的。他们坚称，超自然的世界不是跟被科学作为研究对象的世界处于同一种“秩序”下，而是存在于另一个层面上，不能为我们的自然感官所见。这开始听起来像是通灵，像是跟心灵感应、天眼通和天耳通的现象相类似的情形。

然而这才纯粹是自然主义，甚至是伪科学。这是由于科学跟自然主义并不一定只关注感官可觉察到的事物。没有人见过电子或量子，也没有人能以感官构建出一幅弯曲空间的图像。假如通灵现象存在的话，就没有理由认为它们无法被科学化地进行研究，以及它们无法被简单地作为“自然”的另一个方面。实际上，科学所关注的数不清的事物都没法被感官体验到，也无法出现在直接的经验里——比如，整个的过去、地心引力的运作过程、时间的性质以及行星和恒星的重量。这些不可见的事物是借由逻辑从直接经验中推断出来的。它们是一些假说，看上去为观察到的事件提供了合理的解释。神学上的上帝完全是同样的东西——是一个解释了所有经验的假说。

当一位神学家做出了这样的假设，他便是使用了科学方法并进入了科学领域。所以他一定得预料到他会被他的“自然主义”同伴们诘问、审查和批评。

但自然和超自然之间的差异可以用一种更简单也更有用得多的方式来理解。如果“自然”是科学的领地，那么我们就可以说自然就是被命名、测量和分类的这个世界。自然就是已由思维分析过并分门别类为不同“事物”的群组的这个世界。通过给事物命名，我们的思维已经给事物赋予了身份。通过对比快速运动的东西和慢慢地移动的东西——尽管二者都在动——它把运动和静止区分开了。

所以说，整个的自然世界都是相对的，并且是由思维和比较所创造出来的。头“真的”跟脖子有差异吗？我们为什么一开始没有让被称为头的那个“东西”包括叫作脖子的这个“东西”呢？认为头和脖子是两个东西而不是一个，这是思维的常规。在这个意义上，当古代的形而上学家宣布整个宇宙都是心的产物的时候，他们是完全正确的。他们所说的是“东西”的宇宙。

在另一方面，超自然的、绝对的世界由神秘的现实组成，这些现实是被我们命名、分类和分割为“神秘”的。这样的一个世界不是心的产物，可是我们没法定义或描述出它是什么。每时每刻我们都能察觉到它，它就是我们的觉察。我们感觉、知觉得到它，它即是我们的感受和知觉。然而想要弄清楚并定义它，就像是试图让一把刀去切它自己。这是什么？这是一朵玫瑰。但“一朵玫瑰”是一个声音。声音是什么？声音是空气波在耳膜上发出的撞击。那么一朵玫瑰是空气波在耳膜上发出的一次撞击吗？不，一朵玫瑰就是一朵玫瑰……是一朵玫瑰是一朵玫瑰是一朵玫瑰……

下定义只不过是在一组感官数据和一组声音事物之间造成一对一的对应关系，但是由于声音也是感官数据，这一制造对应关系的企图便最终成为一个循环了。既提供了这些数据又提供了用以感受它们的感官的那个真实的世界，就会依然显出深不可测的神秘。

从这个观点出发，我们就可以没有困难地弄懂一些古代的经文了。《法句经》——一部收集了佛陀的偈颂的经——开头的时候这样说道："心为法本，心尊心使。"[1] 这实际上和《圣经》里《约翰福音》开篇的陈述是一样的："太初有道，道与神同在，道就是神。……万物是借着他[2]造的。凡被造的，没有一样不是借着他造的。"借由我们的思维，或者心灵上的文字，我们区分或是说"制造"出了

---

1 此处所引经文的英文原为："All that we are is the result of what we have thought. It is founded on our thoughts; it is made up of our thoughts." 据《大正新修大藏经》，此句出处为本缘部《法句经·双要品第九》，而不是作者所称的《法句经》起始处。现通行的英译本由坦尼沙罗尊者（Thanissaro Bhikkhu）从巴利文翻译而成，在此译本中，《双要品》的确被置于全经起首；《心之道》一书此处的英文原文虽与此英译本意义相似，但文字却又不同。

2 亦即"道"。

事物。没有思维，便没有“东西”，只存在着“未被定义”的现实。

假如你想诗意一点，你可以把这个未被定义的现实比作天父，因为它是“东西”的起源或基础。你可以把思维称作那个“与天父同质”的圣子——“借着他造出了万物”的那个圣子，如果我们要见到天父，就必须在十字架上钉死的那个天父之子；正如我们必须脱离文字以现实的本来面目来看待现实。在那以后，圣子死而复生，返回了天堂。类似地，当我们看到了现实的本来面目，我们就能够自由地使用思维，而不会被它所愚弄。我们承认思维是现实的一部分，而不是位于现实之外的某种事物，在这个意义上，它“返回了天堂”。

除此以外，我们还可以对这个未被定义的现实使用消极的形而上学语言。它是无限，不是有限。它是永恒，是每时每刻都在的，并不是过去和将来，也不是思维和时间的常规。它是不变的，在同一个意义上，有关变化的观念只是另一个词语、另一种定义，是被称为变化的那种现实已经超越的东西。显然，如果所有的运动都是相对的，那么便不存在绝对的运动。说宇宙中的所有物体都在以每分钟一万英里的速度整齐划一地运动是没有意义的，这是因为，“所有”这个词排除了相对于这些物体的运动，保持着静止状态的任何其他物体。

形而上学语言是消极的，因为它想要表达的是：文字和观念无法解释现实。它不是在试图说服我们，想令我们相信现实是像无边无际的一大片透明果冻一样的东西，它也不谈论某些难以捉摸的抽象概念，而是讨论我们所生活于其中的这个世界。被我们称为东西、颜色、声音、气味、味道、形式以及重量的这些体验，它们本身无物、无形，没有数目，什么也没有，但此时此刻我们领受着它们。我们其实是在领受着被传统教义称为无限、无形、无穷、永恒、未分裂、不动、不变的现实的那个上帝，相对背后的那个绝对，思维和文字背后的那个意义。这个意义自然是无意义的，因为，和文字不同，它并没有意义，它就是意义。就自身而言，一棵树是无意义的，然而它是“树”这个词的含义。[1]

由此很容易看出，这种语言——不论是以其宗教的形式还是以其形而上学的形式——可能会导致各种各样的误解。因为在心处于分裂状态而“我”又想从当下的体验中逃开的时候，有关超自然世界的整个念头便是“我”幸福的藏身之所。这个“我”拒斥会带来不快乐的那种变化，因而它依附于那个“不变”的绝对事物，忘记了这一绝对

1 这和吠檀多教派对“自我”的解释类似。吠檀多教义认为“自我”（atman）超越了所有被经验到的“事物”。——原文注

事物也是“不固定”的。当人生给我们带来了一些苦涩的经验，“我”只能在这个前提下拥护它：这些苦涩的经验是一位慈爱的“上帝 - 天父”计划中的一部分。但这一前提让实现“上帝之爱”变得不可能了，因为众所周知，“上帝之爱”的实现有赖于放弃“我”。

对宗教理念的误解，已由人们对关于永生、天堂和地狱的教义的理解生动地说明了。可是现在，我们应当清楚的是，永恒的生命就是认识到当下是唯一的现实，并认识到过去和未来只有在一种约定俗成的意义上才能从当下时刻中区别出来。这一当下的时刻便是“天堂之门”，是“通往尘世的笔直、狭窄的路”，因为其中没有容身的空间可以提供给一个被区分出来的独立的“我”。在这个体验当中，没有一个在经验着这一经验的人。“富人”没法穿过这扇门，是因为他带了太多的行李——他紧紧地抓着过去和未来。

有人可能会从各国、历代探讨精神领域的作品中长篇累牍地引用一些说法，想以此证明永恒的生命是在下述意义上被理解的。这一段埃克哈特[1]的文字足以说明他们的观点：

1　麦斯特 · 埃克哈特（Meister J. Eckhart，1260—1328），中世纪德国哲学家、神学家和神秘主义者。

上帝造出第一个人的那个现时刻和最后一个人在人间消失的那个现时刻，以及我正在讲话的这个现时刻，在上帝那儿是一体的，在上帝那里，只有一个现在。看！仰仗上帝而生存的人，对过去的时间和即将到来的时间都没有意识，而只意识得到一个唯一的永恒。……因此他从未来或从偶然性中得不到任何新的东西，因为他生活在这个无论何时都“为新绿覆盖”着的现时刻中。

当你每时每刻都在死去，又都在复生，有关死后会发生什么的科学性的预测就没什么用处了。那些预测全部的引人注目之处就在于，我们不知道会发生什么。关于幸存和毁灭的看法都一样地建立在过去、在对醒觉和睡眠的记忆之上。在这些看法中，有关天长地久的持续性和延绵不断的虚无性的观念虽以不同的方式表现出来，却都毫无意义。

只需要一点点想象力就能明白，连绵不断的时间是一个可怕的噩梦，以至于除了天堂和地狱，就我们通常的理解，几乎没有其他的选项。只有当一个人在想着无限期（indefinite）的时间——而非无限（infinite）的时间——的时候，想要永久持续下去的欲望才显得诱人。随心所欲地拥有尽可能多的时间是一回事，而拥有永无尽头的时间则根本是另外一回事。

这是因为，在持续性和无限期之中，快乐并不存在。我们向往着它们，只是由于“当下”是空虚的。一个试图把钱吃下肚的人总是饥饿的。当有人说：“现在该停下来了！”这个人就惊慌失措了，因为他还什么都没吃到，想要有更多的时间可以用来继续吃钱，并且总是希望马上就可以在下一个“转弯处”获得满足感。我们不是真的想获得持续性，而是想得到一个百分之百幸福的当下体验。想让这种体验不断持续下去的想法是在体验中保有自我意识的结果，并且由于保持了自我意识，而没法完全地觉察这种体验。只要存在着“我”正在经历这个体验的那种感觉，这个时刻就不是完满的。当“我”与“现在”之间差异的最后痕迹消失了的时候，当只存在着“现在”而没有任何其他事物的时候，永恒的生命就实现了。

相比之下，地狱或“永久的天罚”并不是时间在不断地持续，而是一个坚不可摧的怪圈在无穷地继续，是不断跑来跑去地追逐某些永远不可能获得的东西时的沮丧感。地狱是自我之爱、自我意识以及自我支配的愚昧之处，也是它们连绵不断的不可能性。地狱就是一个人想要看到自己的眼睛，听到自己的耳朵，以及亲吻自己的嘴唇。

然而，要认识到人生在每一时刻都是完整的——完满、统一、常新的——就得弄懂这条教义的意思：在永恒的生命中，上帝——那个无法加以解说的此在（this）——就是所有的一切，并且是一切事物存在着的终极原因或最终结局。因为未来是永远不可企及的，而且，它就像总是出现在驴子眼前的那根悬晃着的胡萝卜一样。神圣目的的实现并不存在于未来，它是在当下被找到的，不是通过顺服于固定不变的事实，而是通过认识到，并不存在着一个要去顺服于什么的人。

上面我们所说的，就是这条普遍的且我一直在重复的宗教原则的意思：想要了解上帝，人必须放弃自己。这听起来熟悉得像那些陈词滥调，然而没有什么事情比这件事更难，也没有什么像这件事一样这么彻底地被误解。我们的自我必然是自私的，它如何能放弃它自己呢？神学家说，不是借由它自身的力量，而是通过神圣恩典所赋予人的才能——那种力量可以使人获得超越他自身能力的成就。但是，这个恩典是赋予了所有人，还是赋予了那些一旦被选中就只能交出自己的一小部分人呢？一些人说恩典发生在所有人身上，只不过一部分人接受了它的帮助，另一些人则拒绝了。还有人说它发生在被选出来的人身上，然而他们在很大程度上也强调，个人有接受它或拒绝它的能力。

可是这一点也不解决问题。这个观点用接受或拒绝神圣恩典的问题取代了保持或交出自我的问题，而这两个问题实际上是完全相同的。基督教中包含了它自己对这个问题的隐性答案，认为人只能把自己交到“基督之中”（in Christ），这是由于“基督”代表了这一现实：不存在着一个可以被交出来的单独的自我。放弃“我”是一个虚伪的问题，而“基督”意味着，意识到了并不存在着一个被区分出来的“我”。“我凭着自己不能作什么。……我与父原为一。……还没有亚伯拉罕，就有了我。”[1]

假如说有任何问题的话，就是弄明白在这一刻，你没有一个“我”可以交出去。在任何时刻你都可以完全自由地意识到这个事实，没有任何东西能阻拦你。这就是我们的自由。不过，我们并不能自由地改进自己、交出自己，让自己向恩典开放，因为所有这类事情后面都有一颗分裂的心，使这些事情成为对我们自由的否认和延迟。这么做就是想要把你的嘴吃下去，而不是吃掉面包。

对“我与父原为一”的认识，以及如我们所说“认为自己是上帝”的那种人的心态，这二者之间的巨大不同，我们有没有必要强调一下呢？如果仍然认为存在着一个被区分出来的“我”，并将这个“我”看成是上帝，那么你就会变成令人难以忍受的“自大狂”。这样的“自大狂”认为自己成功地做到了不可能的事情，成功地控制了感受和体

1 引自《圣经新约·约翰福音》中的不同章节，三句话分别出自 5:30，10:30 和 8:5。

验，并且在恶性循环中打转的时候，认为自己成功地得到了满意的结果：

> 我是我命运的主人；
> 我是我灵魂的统帅！[1]

当蛇吞进自己的尾巴，它的头会膨胀起来。意识到你就是你的“命运”完全是另外一回事，因为其实没有人主宰命运或被命运主宰，也没有人统领它或是要对它交出自己。

在上帝之中失去“我”，并不是“个性的价值”在其中被抹杀了的那种神秘的气氛，这一点我们是否也有必要强调？这个“我”并不是也永远不会是人的个性的一部分，它身上没有任何独特、“不同”或有趣的地方。正相反，人们越是追寻它，就越会变得千篇一律、无趣和没有人情味。显而易见的是，唯一的有趣之人是那些怀有兴趣的、投入的人，而完全地投入，则需要忘掉这个“我”。

现在我们可以看到，哲学、宗教和形而上学的基本原则可以用两种完全不同的方式去理解。它们可以被视为未

1 出自19世纪英国诗人威廉姆·恩内斯特·亨里（William Ernest Henley，1849—1903）的诗作《不可征服》（“Invictus”）。

分裂的心的符号，以及对这一事实的表述：生命和经验在每时每刻都是一个完整的统一体。“上帝”并不是对这一状态的释义，而是对它的感叹。但这些原则，通常却被用来帮助达成那种想要站在自身和宇宙之外——以此来掌握并支配自身和宇宙——的企图。这个过程是循环的，不论它多么复杂且多么迂回。

人们年复一年、代复一代地兜了这么久的圈子，导致科技的力量也无助于延缓我们到达不可忍受的紧张和焦虑状态的进程。文明可能即将在纯粹的离心力作用下分崩离析。在这样的困境里，我们久已习惯的那种有自我意识的宗教，非但不是有治愈作用的疗法，反而是疾病的一部分。假如科学性的思维弱化了它的力量，我们不必后悔，因为它能带到我们面前的“上帝”并不是“上帝”这个名字所象征的未知的现实，而只是我们自己的投影——一个主宰着宇宙的、广大无边的、无形的“我”。

科学的真正卓越之处，在很大程度上不是因为它命名和分类、记录并预测，而是在于它观察事实而且渴望了解事实，不论事实最后呈现为什么样子。不管科学可能在多大程度上将常规混淆于事实，把主观划分混淆于现实，在这种对事实的开放性态度和诚心诚意方面，从另一种更深层次的意义上来理解，它跟宗教是有相似点的。越是伟大的科学家，越会满意于自己对现实的忽略，也就越意识到他在自己的领域里所发现并建立的规律和符号、描述和定义，都是他自己思维的产物，它们帮助他为着他自己设计出的目的来利用这个世界，而不是帮他理解和解释世界。

科学家越是将宇宙细分为无限小的物质，就会发现越多的东西需要被分类，他也就越能体会到所有分类法的相对性；他不知道的东西相对于他已经知道的，看上去会以几何级数增长。他会渐渐地到达这个状态：未知的事物不仅是文字网络里一个空白的空间，而变成了心中的一扇窗户，这扇窗的名字是“好奇”而非“无知”。

那些胆小的心砰地关上了这扇窗，为了喋喋不休地、更多地谈论它认为它知道的东西，它对于自己所不知道的事物保持沉默、不去考虑。它重复议论着已经被探究过的那些事物，以此来填满那些未加以标注的空间。可是开放的心懂得，曾被最详尽地探究过的领域实际上也没有完全被了解，只不过是千万次地被测量过和做上记号。我们测量和标记的到底是什么？这个引人入胜的谜团最终势必会通过捉弄我们而使我们离开原有的思维，直到心忘了再去兜着圈子追究它自己的运作过程，直到心变得能够觉察到，在这一时刻，存在就是不折不扣的奇迹。

西方智慧和东方智慧都包含了这个意思，而且是通过差异极小的方式来表述的。印度的《奥义书》这样说道：

认为神无法理解的人是能够理解神的；而认为神可以理解的人则并不了解神。神是不为那些了解神的人所知的，然而神却被那些一点也不了解神的人所知。

歌德用对现代人更为清楚明白的语言，如此表述这个问题：

人能获得的最高的东西是惊奇；假如最初的现象使他惊奇，那么就让他满足去吧；它无法给他更高的，他也不应再在它背后寻找更多的；这就是极限。[1]

还有圣十字若望[2]——基督教传统最伟大的见证者之一——的文字：

上帝在此生中短暂地赠予灵魂的最伟大的仁爱之一，便是使它如此确切无疑地看到并如此深

1 出自《歌德谈话录》(*Conversations of Goethe with Johann Peter Eckermann*)中"1829年2月18日星期三"的谈话。

2 圣十字若望(San Juan de la Cruz，1542—1591)，16世纪西班牙神父，是天主教改革的主要人物。

切地感觉到，它一点也不能够理解上帝。这些灵魂在这一点上有点像天堂里的圣徒：那些最了解上帝的人可以最为清楚地感觉到上帝是极其不可思议、难于理解的。而那些视线不那么清晰的人无法像前者一样清楚地感受到，上帝在多么大的程度上超越了他们的视野。[1]

在这种惊奇之中没有渴望，而存在着满足。几乎每个人都经历过它，但只是在这些稀有的时刻：当某个场景令人惊艳的美丽或奇异，并把心从它的自我追逐中引开，在片刻之中使它无法为这种感觉找到语言的时候。因而，生活于这个时代的我们最为幸运，因为人类的知识已经发展到今天这个程度，以至于它已开始找不到恰当的文字来形容某些事物，不单单是对那些奇异的和奥妙的东西，也是对最普通的事物。架子上的灰尘已变得像最遥远的星辰那样神秘；对于这两者，我们都知道得足够多，使得我们认识到我们什么也不知道。当物理学家爱丁顿[2]相当简要地说“某样未知的事物正在做着我们不知道的事情”的时候，他

1　出自圣十字若望《灵歌》(*Spiritual Canticle*)的第七节第十段。

2　亚瑟·斯坦利·爱丁顿（Arthur Stanley Eddington，1882—1944），英国天体物理学家。

最像是一个神秘主义者，比他随性地异想天开的时候更像。

在承认了上述事实时，思维便兜回了原地，而我们再一次成为了孩子。对那些仍然狂热地想要解释一切事物，打算将生命之水用纸和绳子严实地打包起来的人来说，爱丁顿所坦承的事实什么也没说，什么意义也没有，而只意味着失败。对其他的人，思维兜了一个圈子这一事实，则揭示了人一直以来所做的事情——不仅是在哲学、宗教和思辨科学方面所做的，也包括在心理学和道德方面、在日常的感受和生活方面所做的事情。人的心始终在绕着一个圈子，既想逃开自己，又想抓住自己。

> 你们因自身而受苦，没有其他力量迫使你们，
> 没有其他力量掌握你的生死
> 或转动轮回的车轮，或拥抱并亲吻
> 它的苦恼之轮辐、
> 它的眼泪之轮箍、它的虚空之轮心。[1]

意识到这一点，心就成了一个整体：我与我、人与世界、理想与现实之间的分裂就会终止。这样，妄想之心——自心旁边的“心”——就变成了觉醒之心，也就是

1　出自《亚洲之光》(*The Light of Asia*)，详见第七章第 109 页注释。

与自心同一并因此而获得自由的那颗心。觉醒之心从抓取之中解脱，因为手可以拿住那些东西；它从观看之中解脱，因为眼睛可以看到那些事物；它也从想要理解自身的企图中解脱，因为思维会思考那些问题。在这样的感受、观看和思考之中，生活既不要求有一个未来用以完满自己，也不需要做什么辩解来证明自己的合理性。在这一刻，生活已经完成了它自己。

图书在版编目(CIP)数据

心之道:致焦虑的年代/(美)瓦兹著;李沁云译.—桂林:广西师范大学出版社,2015.4(2025.5 重印)

ISBN 978-7-5495-6165-0

Ⅰ.①心… Ⅱ.①瓦… ②李… Ⅲ.①东方哲学-研究 Ⅳ.①B3

中国版本图书馆 CIP 数据核字(2014)第 284975 号

心之道:致焦虑的年代

XIN ZHI DAO:ZHI JIAOLÜ DE NIANDAI

出 品 人:刘广汉　　封面设计:韩　捷

丛书发起:绿　洲　　封面插画:皮皮赖(Pipilai)

策划统筹:联邦走马　　营销编辑:康天娥　谢静雯

责任编辑:黄　越　尹晓冬

广西师范大学出版社出版发行

(广西桂林市五里店路 9 号　　邮政编码:541004
网址:http://www.bbtpress.com)

出版人:黄轩庄

全国新华书店经销

销售热线:021-65200318　021-31260822-898

山东韵杰文化科技有限公司印刷

(山东省淄博市桓台县桓台大道西首　邮政编码:256401)

开本:787 mm×1 092 mm　1/32

印张:6　　字数:100 千

2015 年 4 月第 1 版　　2025 年 5 月第 11 次印刷

定价:48.00 元
